AF199966

1

Bibliografische Information der Deutschen Nationalbibliothek
Die Deutsche Nationalbibliothek verzeichnet diese Publikation in der Deutschen Nationalbibliografie, detailierte bibliografische Daten sind im Internet über http.//dnb.dnb.de abrufbar

Text © 2020 by Rolf Gänsrich
Herstellung und Verlag: BoD – Books on Demand, Norderstedt

ISBN 9783750499249

Die weiße Hand im schwarzen Käse

„From the Stage"
Kurztexte und Gedichte
von A – Z - Band 1

die ersten 100 Texte
von A – M

von Rolf Gänsrich

Inhalt – Seitenzahlen ohne Gewähr:

Die weiße Hand im schwarzen Käse
Rolf Gänsrich am 17.7.2020

Diese Geschichte hier unterscheidet sich von den folgenden Texten grundsätzlich, denn sie ist wahr und sie soll kurz das erklären, was es im Folgenden alles zu lesen gibt. Ich schreibe sie gleich in das von mir später zur Veröffentlichung vorgesehene Buchformat von 12 cm x 19 cm mit einem Rand von 15 mm.

Im Laufe meines Lebens hab ich sehr viele kurze Texte verfasst. Einiges an Gedichten entstand für meine Radiosendung „O.K.beat", einiges sind längere Radiotexte, das Meiste entstand aber ab 2003, als ich mich von da an bis etwa 2019 regelmäßig auf offenen, aber auch der eigenen Lesebühne herum trieb, um meine Texte live dem Publikum zu servieren. Die Texte lebten dabei und veränderten sich. Ich werde versuchen, hier die immer zuletzt gelesene Version einzubringen. Zum Publikum sagte ich nach dem Vortrag solcher Geschichten von der Bühne herunter dann gerne: „Heute war ich aber mal sehr nah dran, am Text."

Ich weiß von vornherein nicht, wie viele Folgebände es geben wird, weil ich keine Ahnung habe, was hier noch hinzu kommt, denn es gibt auch sehr viele angefangene Texte, die teils schon seit Jahrzehnten liegen, und die ich für diese Veröffentlichung fertig machen werde. Die Bände sollten auch handlich sein, deshalb plane ich die einzelnen Teile mit etwa je 250 Seiten.
Da ich es mir grundsätzlich zu eigen gemacht habe, jeweils unter den Titel eines Textes auch seine Erstellung zu schreiben, dürfte die Zuordnung für den Leser relativ leicht sein. Falls der Text eine besondere Entstehungsgeschichte hat, setze ich die in ein, zwei Zeilen davor.

Grundsätzlich gilt für die Texte: nehmen Sie mich bitte nicht immer all zu ernst. Als Autor sehe ich mich weniger als „Künstler", sondern vielmehr als „Handwerker", der seine Leser, oder Zuhörer „nur" gut unterhalten möchte. Es gibt Texte, die ich ausgesprochen oft gelesen habe, so wie z.B. in jedem Konzert von Paul McCartney sein Beatles-Stück „Blackbird" geträllert wird, so fehlte bei mir meist nie „das Gedicht vom Specht" und es gibt Texte die es nur einmal oder überhaupt nie auf die Bühne schafften. Auch dazu gibt's immer noch einen Hinweis vorher.

Die Texte in diesen Bänden hier sind, im allgemeinen, alphabetisch nach ihrem Namen geordnet.

Die ersten Geschichten dachte ich mir mit acht Jahren aus, um meinen damals vierjährigen Bruder, meine „Keule", so lang vom Schlafen abzuhalten, bis ich eingeschlafen war. Keule „ruckelte", wie meine Eltern es nannten. Wenn er einschlief, aber auch teilweise mitten in der Nacht hockte er sich im Halbschlaf, unbewusst, in seinem Bett auf alle Viere, bewegte dabei seinen Körper rhythmisch vor und zurück und knallte dabei mit seinem Kopf an genau den Gegenstand, der oben an seinem Bettkopfende war. Das konnte die Hauswand sein, oder die die Wand eines Schrank, oder, wir schliefen über Eck, wenn er seinen Kopf da hatte, wo mein Bett begann, dann stieß er mir mit seinem Kopf in meine Beine oder in meinen Körper. Darum achtete ich immer darauf, dass wir Bein an Bein lagen. Sein „ruckeln" dauerte im allgemeinen zwischen fünf und fünfzehn Minuten. Wir wohnten damals in einem Mietshaus mit fünfzehn Miet-Parteien, die alle regelmäßig unter Keules „ruckeln" zu leiden hatten. Schlief ich eher, als er, dann machte mir sein „ruckeln" nichts mehr aus. Deshalb war ich bestrebt, ihm, als Älterer ging ich meist eine halbe Stunde nach ihm ins Bett, wenn er noch wach war, eine

kleine Horrorgeschichte zu erzählen, die ich mir spontan ausdachte. Darin kamen in schöner Regelmäßigkeit „die schwarze Hand im Weißen Käse" vor, die dann mit glibberigem Käse nach ihm warf, oder der kotzende Gorilla in der Gardine am Fenster, zu dem ich immer etwas sächselnd sagte: „Ey gugge, der gaggt verkehrt rum." oder blutende Wellensittich, der auf der Lampe im Zimmer saß, bereit auf ihn herab zu stürzen, wenn er anfinge zu „ruckeln". Es tauchten auch Kannibalen aus der Südsee auf, die ihren Topf mit dem heißen Wasser, in dem sie „ruckelnde" Kinder kochen wollten, schon vor der Jalousie unseres Kinderzimmer aufgebaut hätten. Die Idee von dem Hund, der Kindern die „ruckeln" die Zehenspitzen abbeißt, hab ich später einmal für eine richtige Horrorgeschichte benutzt, die in einem dieser Bände hier mitveröffentlicht wird. Sie heißt „Misses Peabody's Vermächtnis" und greift auch eine Idee aus einer Horrorgeschichte von Roald Dahl auf.
Ich wusste, was ich meiner Keule damals damit antat, aber wenn er nach so einer Geschichte vor Aufregung fast in seinem Bett stand, konnte ich schon mal einschlafen und wenn ich schlief, bemerkte ich sein „ruckeln" nicht mehr.

Mit Beginn des Flegelalters bei mir begann ich in der Schule, wenn mir der Unterrichtsstoff mal wieder zu langweilig war, Kurzgeschichten vom Unteroffizier Pepper, von „Sgt. Pepper", zu schreiben, der immer wieder tolle Abenteuer erlebt, die damit enden, dass er aus seinem Bett fällt und wach wird. Ich werde versuchen, zwei oder drei davon zu rekonstruieren.

In meiner Berufsausbildung lernte ich auch Schreibmaschine zu schreiben und tippte eine ganze Reihe von Geschichten. Um die an ein paar DDR-Verlage zu schicken, bat ich meine Mutter, gelernte Sekretärin, diese

11

Geschichten nochmals ins Reine abzuschreiben und diese Abschriften dann an die Verlage zu schicken. Zu meinem Kummer kamen ausnahmslos Ablehnungen so mit Wortlauten wie „die Geschichten sind noch nicht reif genug", „sie zeigen nicht den nötigen Klassenstandpunkt in der entwickelten, sozialistischen Gesellschaft" usw. zurück, ohne allerdings die Manuskripte dazu wieder beizulegen.

Das wunderte mich, hatte ich doch in all meine Geschichten „den sozialistischen Klassenstandpunkt" mit hinein geschrieben und den Texten immer auch eine „sozialistische Moral" ans Ende gesetzt. Das war 1978 / 1979 herum.

Meine Mutter klärte das ein „paar" Jahre später, am Geburtstag meiner Keule im November 2007 (!!!), ein halbes Jahr vor ihrem Tod, mal auf, was damals geschehen war. Sie hatte nämlich nicht meine Texte eins zu eins einfach nur abgetippt und verschickt, nein, sie hatte meine Texte, ohne mein Wissen, geändert. Zitat von ihr an diesem Abend: „Na diesen ganzen politischen Scheiß, den du damals da mit reingeschrieben hast, den hab ich beim Abschreiben einfach weg gelassen. Sowas will doch keiner lesen." „Muttern, ich hab das Zeugs da extra reingeschrieben, damit die das veröffentlichen!" „Junge, soweit hast du doch damals gar nicht gedacht."

Man kann sich sicher vorstellen, wie ich mich nach dieser Eröffnung fühlte.

Doch, Muttern, ich wusste damals sehr genau, was ich da tat!

Vielleicht finde ich ja noch die eine oder andere dieser Geschichten.

Auslöser für diese Geschichten war übrigens ein Schulaufsatz, den ich hierfür nochmal abtippen werden.

Um für mein Geschriebenes dankbare Zuhörer zu haben, schrieb ich im Grundwehrdienst bei der NVA ... heute würde man das „Softpornos" nennen ... die ich dann abends auf der Bude zum Besten gab. Davon ist kein einziger mehr erhalten. Ich glaube, im Mittelpunkt stand eine „Rammelmona", die es mit ihrem französischen Freund trieb und mit ... oh Gott, wie hießen denn diese Modehunde damals ... dem Dobermann ihrer Freundin trieb und mit ihrer Freundin usw. Ich deutete immer nur an, kam aber nie zur Sache.

Zwei ganze Romane, die ich heute allerdings arg bearbeiten müsste, um sie heraus zu bringen, schrieb ich von 1974 bis 1992, so immer mal 'ne halbe Seite pro Jahr auf meiner alten Continental-Schreibmaschine.

Ich werde in diese Reihe hier auch die Texte zu meinen Hörspielen mit aufnehmen. Für die reinen Radiotexte die ich seit 1995 geschrieben habe, werde ich, sofern diese Texte halbwegs zeitlos sind, eine weitere Buchreihe heraus bringen.

Auch meine ganzen Texte zur Stadtgeschichte, wie ich sie bereits in der Monatszeitung „Prenzelberger Ansichten" veröffentlicht habe, werde ich in einer weiteren Buchreihe erscheinen lassen. Dabei wird dann pikant sein, dass das noch „meine" Texte sind, die noch nicht von der Redaktion bearbeitet wurden. Oft hab ich zwei unterschiedliche Textversionen gemacht, die ich gegebenenfalls nebeneinander stellen werde.

Noch ein paar Worte zur Rechtschreibung. Es gibt in diesem Buch hier fünf Arten davon, die alte, die neue, meine, die oft ein Gemisch aus beidem ist, die aber auch oft genug Worte beinhaltet, die es bisher laut Duden einfach nicht gibt und die ich gewissermaßen „neu erfunden" habe, es gibt die Rechtschreibung in Gedichten, in denen ich wegen des

Reimflusses („Reimfluss" ist schon so ein neu erfundenes Wort von mir) Worte kürze oder verlängere und es gibt die mundartlichen Strecken, in denen gebayert und berlinert wird, auf Teufel komm raus. So kann es sein, dass trotz einer gründlichen Rechtschreibprüfung auf meinem PC der eine oder andere „Korken" von mir durchgewunken wurde.

***

Am 8.Dezember 2017
am 8.12.2017

Wir schweben auf Wolken
alles ganz leicht,
lasse mich fallen
in dich ganz seicht.

Schliefe gern weiter
fühl deine Haut,
spür deinen Atem
in mir ganz laut

Unsere Seelen
vereinigten sich
mag dich zu lieben
du mich, ich dich

Mag heut' nicht aufstehen
träumte gern weiter
fühl' deine Lippen,
du machst mich heiter.

20. April
am 4./15./17./19./20.4.06 *(nur einmal öffentlich gelesen)*

Er stand auf dem Hügel. Seine Augen funkelten im Sonnenlicht. Sie erwarteten ihn. Hoch erhobenen Hauptes schrie er: „Sie leben zwar noch immer unter uns, dennoch müssen sie ausgemerzt werden! Alle! Sie sind eine Gefahr für die Gesellschaft, denn sie sind so andersartig, als wir! Wir werden sie vernichten! Sie gehören nicht zu unserem Volk! Unser Volk braucht mehr Raum ... vor allem im Osten, denn dort wird es schneller hell und dann noch im Westen, da wird es später dunkel! "
Tosender Applaus brandete auf. Aber nur von den offensichtlich stärksten, wohlgenährtesten, fettesten. Die Masse hatte Angst und schwieg. Die schweigende Masse. Eitel drehte er sich im Schein der Sonne und seine viel zu kurz geratenen Flügel hingen schlaff herab! Noch zwei andere kamen zu ihm, blieben aber ein Stück zurück. Wie eine fette Schmeißfliege sah die eine aus, die andere hinkte, denn sie hatte einen Klumpfuß. Nun sprach dieser Klumpfüßige: „Wir werden sie vernichten, zertrampeln und wir werden nicht eher ruhen, bis ihre Höllenbrut gegangen ist. Das Gerücht, wir kämen nicht ohne sie aus, ist doch schon jetzt, nach nur vierundzwanzig Stunden, glänzend widerlegt worden!"

Und so schwärmten sie aus gen Sonnenauf- und gen Sonnenuntergang, gen Norden und Süden und die, die sie vernichten wollten, ernährten sie weiter, denn diese meinten, sie gehörten ja trotz alledem noch weiter zu den ersteren, denn zu wem auch sonst und so müsse man sie auch weiter versorgen.
So wurde unser Volk immer dreister, großmäuliger, böser und angriffslustiger und bald machte man sich jeden zum Feind. Aber keine andere Art wurde ernsthaft in ihrem

Bestand gefährdet. Ganz im Gegenteil. All die anderen, Angegriffenen taten sich nun zusammen und zogen nun ihrerseits als Verbündete gegen die Angreifer. Eines hatte der Führer aber bald geschafft, denn die, die im eigenen Volk dasselbe versorgte, waren bald dezimiert und sie konnten das Gemeinwesen nicht mehr ernähren.

Irgendwann schließlich wurde es den restlichen Hinterbliebenen dann auch zu bunt. Sie nahmen ihre Königin und all ihre Kinder in ihre Mitte und verließen das eigene Nest.

Und so verging kaum mehr ein Tag, da musste das herrisch anmutende Volk der Übermacht ihrer Feinde wegen klammheimlich kapitulieren und fand auf eigenem Grund nicht einmal mehr Nahrung und hungerte deshalb mächtig, was nicht weiter verwunderlich war, denn welche Biene ernährt schon freiwillig dicke, fette, nutzlose und vor allem Stachellose Drohnen?

Diese fürchterliche Lektion muss aber an einigen Drohnen vorübergegangen sein, denn alle Jahre wieder, im Frühjahr, träumten sie erneut von der Weltherrschaft.

Zu ihrem Glück träumen sie bislang davon nur!

***

Advent
am 8.12.2008 *(Radiotext)*

Von drauß, vom Bushe komm ich her
Ich muss euch sagen, es brennt dort sehr!
All über all in den Bergessgipfeln
Seh' ich fröhliche Bush-man sitzen

Und dort auf den Feldern, den leeren, den weiten
Können Amis und Iraks schön blutig streiten.
Sie kämpfen um Öl, um wenige Tropfen,
besser gediehe dort wahrscheinlich Hopfen!

Der Iraker schreit, er ist ganz verzückt
weil Bush-Junior schon geistig entrückt.
Es geht nicht um Öl, dem Bush-man allein
Es dürfen auch Opium und Cannabis sein!

So schicken sie Panzer, die Neusten, die Schnellen
Ums Ölfeld für sich aufzuhellen.
So ist's denn dort auch Advent,
wenn im Irak ein Ölfeld brennt!

***

Ein spezieller Besuch
ALG-II-Text-Version II - sollte in die Prenzelberger
Ansichten für Mai 08, ist aber nicht erschienen!
am 15./16./17./18./19./23.4. / für die Leseversion aufgepeppt
am 14./21.5.08

Das JobCenter ist ein Ort innerer Freude. Schon im hellen
Eingangsbereich lungert eine Horde Wachschützer herum,
die froh sind, überhaupt einen Job, nämlich ihren, ergattert
zu haben und die gern jedem Besucher mit freundlichen
Auskünften beistehen. „Der Fahrstuhl ist da!"

Was ist das überhaupt für ein Begriff „Jobcenter"? Die
haben doch nischt. Und dabei wurde Mangelwirtschaft
immer der DDR zugeschrieben.
Jobcenter = Arbeitszentrum ... hö-hö
Das ist, als ob Ihr Gemüseladen nie Gemüse hat, sie aber
von dem zum Bäcker, zum Floristen und Schuster geschickt

werden mit den Worten: „Fragen sie mal da nach, ob die Gemüse haben!" Das Problem ist, dass sie von Staatswegen gezwungen werden, regelmäßig in ihren Gemüseladen zu gehen, obwohl sie wissen, dass der nie Gemüse hat! ... Da hilft dann nur noch eines: Gemüse selber ziehen!

Wenn man zum ersten male ins Jobcenter darf, hat man im Eingangsbereich schon die Wahl zwischen zwei Möglichkeiten, anderenfalls, wenn man terminisiert in eine der oberen Etagen eingeladen ist, nimmt man „... den Fahrstuhl da!" und gleitet mühelos nach oben.
Im Falle der Nichtterminisierung hat man Möglichkeit 1, die Schlange rechts. Schlange rechts heißt: gleich zum Schalter. Vielleicht hat man ja nur was abzugeben (oder trauen Sie noch der Post oder gar der PIN-AG?). Dort wird man relativ zügig abgefertigt ... also abgefertigt ... wie gesagt.

Möglichkeit 2 ist eine Denksportaufgabe für Sie. In welchen Eingangsbereich möchten Sie denn? Gelb? Rot? Blau? Andere? ... Gibt's noch andere? Sind Sie nun in einem dieser „Eingangsbereiche" angelangt, nehmen wir mal an, Sie sind Gelb ... im Jahr der Olympiade in Peking nehmen wir halt Gelb, werden auch Sie Sich in eine weitere Schlange einreihen.

Bevor Sie im Wartebereich Gelb warten, müssen Sie erst einmal vor dem Wartebereich Gelb auf einen freien Platz im Wartebereich Gelb warten! Hier lächeln Sie Betonwände mit irgendeinem undefinierbaren Überzug (ist es gar Tapete?) in schalem Grau freudlos an. Die Luft steht in diesem langen Korridor. High-Heels klappern durch den Dunst. Türen knarren und werden zugeschlagen. Kinder quengeln! „Mama, ist das schwarze Tier schon lange tot, das der Tante da um den Hals bammelt?"

Schwangere schieben ihre Kugeln auf und ab.
Kleinkinder in Buggy's bekommen Kinderberuhigungstee damit sie nicht quengeln. Zum spielen ist nirgends Platz.

„Abgefertigte" sogenannte „Kunden" drängeln sich an der Schlange im viel zu engen Flur nach draußen. Im Sommer kommen in dem unklimatisierten Gebäude zu Gerüchen nach Moschus, Iltis, Knoblauch und kaltem Zigarettenrauch auch noch Körperausdünstungen von Menschen dazu, die der Meinung sind, sie schwebten mit auf der Öko-Welle, nur weil sie den Bakterien in ihrem Scham- und Achselbereich paradiesische Zustände bereiten, indem sie auf den Einsatz von Wasser und Seife an ihrem Körper von vornherein verzichten.

An besonders heißen Tagen werden Schwangere und Frauen mit Kindern bevorzugt abgefertigt und schon aus der Warteschlange vor dem Wartebereich von freundlichen Mitarbeitern heraus gewunken und bedient. Manch Mann fragt sich dann, wo da die Gleichberechtigung bleibt. Irgendwann ist man schließlich im Wartebereich angelangt und darf sich auf einen Metallstuhl in freundlichem Grau setzen. Hilfreich ist es, sich zu merken, wer vorher in der Warteschlange vor einem stand, denn nach dieser Person ist man selbst dran. Im Gegensatz zum Bürgeramt, auf dem man eine Nummer zieht, auch bei der BfA zieht man Nummern, geht es hier nach dem Prinzip „Der Nächste bitte!"
Auch der Wartebereich ist wieder in freundlichen Grauabstufungen gehalten.

Pflanzen findet man überhaupt nicht, würden sie doch nur den allgemein vorherrschenden Grauton stören. Das Fenster, durch dessen schmutzig-GRAUE Scheiben nur noch wenig Tageslicht herein fällt, wird selten geöffnet.

Gleich an diesen Wartebereich schließen sich, im selben Raum, nur durch halbhohe, Glaswände getrennt und durch einen schmalen Gang verbunden, die ersten fünf Bearbeitungsplätze an. Wenn gerade keine Kinder quengeln oder Peter nicht gerade Tina im Wartebereich verbal angräbt, kann man vieles, was in den Bearbeitungs-„Kabinen" beredet wird, aufschnappen. Dabei lernt man, was die eigenen Rechte gegenüber dem Jobcenter betrifft, mehr, als durch die Informationspolitik des Jobcenters selbst.

Neben diesen fünf Bearbeitungsplätzen gibt es noch weitere, den (Warte-)Korridor entlang. Freundliche, mausgraue Mitarbeiter rufen von dort „der Nächste bitte!"

Irgendwann ist auch für einen selbst der Zeitpunkt gekommen, an dem man von der fröhlichen Runde der Wartenden Abschied nehmen muss, weil man „der Nächste" ist, und Tina wird ihren Peter wohl nie wieder sehen. Nun hat man einen Mitarbeiter des Jobcenters für die nächsten Minuten ganz für sich allein. Anträge werden ausgepackt, Kopien der Kopien werden über Tische geschoben.

„Damit kommen sie aber reichlich spät.", hört man oder „Diese Unterlagen haben wir ja überhaupt noch nicht!" „Klar, die hatte ich ihnen doch letztens schon gegeben!" „Na warten sie mal, ... tja, eines von den fünf Blättern ist ja da ..." oder „Sind sie sicher, dass sie da noch wohnen?" Die Mitarbeiter des Jobcenters, die an dieser Stelle mit Ihnen in Kontakt haben, haben einfach alles! Die haben Kopierer, die haben Einsicht in ihre Akten, die haben für Ihre Situation volles Verständnis, ... nur eines haben die nicht: Arbeit für Sie!

Nun ja, irgendwann ist man also auch da durch. Aber, seien Sie vorsichtig, wenn man Sie von dort aus direkt in die Leistungsabteilung im selben Haus, nur vierter Stock, schickt! Da sind nicht nur Unterlagen, sondern auch schon ganze Menschen verschütt gegangen, wie der mit dem staubigen Anzug, der einem vor dem Getränkeautomaten im Keller um einen Euro anbettelt, weil er die vierte Etage nicht mehr findet.

Neulich traf in der vierten Etage, im Wartebereich der Leistungsabteilung doch glatt einen Jüngling, abgemagert, mit großem Rauschebart.

„Seit wann warten sie denn schon?", fragte ich. „Weiß nicht, muss aber schon länger sein.", sagte er, entstaubte seinen roten Mantel mit den weißen Absätzen an den Kanten, nestelte an der Öffnung des großen Sackes zwischen seinen Füßen herum und wedelte mit einer Rute.

„Na denn ... wünsche ich noch ein gesundes ....", sagte ich zu ihm.

Schließlich ist man aber auch in der Leistungsabteilung oder beim persönlichen Berater einmal als „Kunde" abgefertigt. Wer noch den „real existierenden Sozialismus" in der DDR kennt, ist sich bewusst, wie nahe der ehemalige Kunde von Konsum und HO dem heutigen Kunden im Jobcenter ist! Mit dem Unterschied, dass damals Schweine-Filet, Bananen und Papiertaschentücher unter dem Ladentisch lagen und heute der gut bezahlte, ideale Job zur Bückware geworden ist.

Nun ist es aber an der Zeit, das Jobcenter zu verlassen. Herrschte früh am morgen, bei der Einkehr noch eitel Sonnenschein, so regnet es jetzt garantiert! Es blitzt und donnert und wenn man Glück hat, hagelt und schneit es auch noch aus allen Schleusen, denn man hat schließlich keinen Regenschirm dabei, weil man so lange ja nun auch wieder nicht im Jobcenter bleiben wollte. Außerdem ist man an die grauen Farben noch so schön gewöhnt. Nun also verweilt man noch ein gutes Viertelstündchen im Eingangsbereich, atmet die herrlich sauerstoffarme Luft, erwärmt sich an den Schauergeschichten anderer über das Jobcenter und freut sich auf ein schales Bier im Kreis von Freunden, denn man will schließlich an diesem Tage das Niveau auch halten.

***

Allein
am 31.7.2010

Ich bin grad so alleine
Und wär doch gern zu zweit
Im hellen Mondenscheine
Für eine schöne Zeit.

Ein süßes, zartes Liebchen
Schön anschmiegsam und mein'
Der spielte ich ein Liedchen
Von Liebeslust und Sein.

Berührte ihren Busen
Die weiße, weiche Haut
Ich würde mit ihr schmusen
Bis früh der Morgen graut.

Die Nacht ist häufig einsam
Mein Bett bleibt so oft kalt
Die Seele ist so einsam
Die Angst sich an mich krallt.

Man sagt, es ist der Zufall,
der dir die Liebe bringt
Es scheint dann wie ein Urknall
Der sich dem Bauch entringt.

Es heißt, man soll nicht suchen
Nach einem süßen Weib
Im Innern könnt ich fluchen
Such doch den schönen Leib.

Es strengt so an, das Warten
Das lauern auf den Tag
Bis ich in einem Garten
Ihr sag, dass ich sie mag

Ich will nun nicht mehr Weinen,
weil ich es euch gesagt,
wie sehr mein Herz tut greinen,
wie oh mein Seel' verzagt.

***

… am Morgen ….
am 6.5.2014

Es räkelt sich mit langem Haar
im Bett die Frau! - Wie sonderbar!
Sie regt sich, sie ist wohl am Leben
und könnte einen Rat dir geben!

Wo ist zum Beispiel dieser Fisch,
der lag doch gestern auf dem Tisch!
Und dann, wo sind wohl meine Socken?
Ob die im Wäschepuff wohl poppen?

Die Frau, sie schnarcht mit ihrem Leib.
Ich denke an ein anderes Weib!
Mit Hüften, schlank, so wie Marie,
'nem Röckchen, hoch bis übers Knie.

Mit einem wunderbaren Busen,
an dem es sich auch lohnt, zu schmusen!
Doch diese hier, so wie sie liegt,
sich nicht so gerne an mich schmiegt.

Die Frau, sie gähnt, seh ihre Zähne
und denke an 'ne Löwenmähne.
Jetzt wird auch lauthals noch verkündet,
dass das Meer in die Havel mündet.

Ich seh sie an und bin erschrocken
und find' im Geiste meine Socken.
Im Kühlschrank find' ich noch 'n Bier,
und denke mir: das trink' ich hier.

Als sie erwacht, lächelt sie dort,
Ich bin an keinem andren Ort.
Es räkelt sich, mit rotem Haar,
im Bett die Frau! Wie wunderbar!

***

An meinen Papa
am 28./29.1.2010 23.40 – 0.54 Uhr (vier Stunden vor
seinem Tod)für Lesung am 7.5.2010 im Rathaus Schöneberg

Leise:
Da mein Vater heute, am 7.Mai 2010 genau 69 Jahr alt
geworden wäre, wäre er nicht am 29.Januar diesen Jahres
plötzlich verstorben, hier ein kleiner Text über ihn.

Schreiend:
Vater!
Warum bist du so einfach gegangen?
Warum hast du mich plötzlich allein gelassen?
Wolltest du nicht mehr der Katalysator zwischen meinem Bruder und mir sein?

Vater!
Warum hast du mich in den letzten Jahren erneut betrogen?
Warum hast du mich wieder belogen?
Hattest du plötzlich Angst, ich könne mit Fug und Recht wütend auf dich sein?

Vater!
Ich verstehe, jetzt, nach deinem Tod, deine letzten Handlungen nicht mehr!
War ich je wirklich DEIN Sohn?
Hattest du zum Schluss Angst vor meiner Rachsucht?

Vater!
Dein Tod war unverdient!
Deine Sorgen unbegründet!

Vater!
Wo bist du jetzt?

***

Anmoderation O.K.beat on Stage 6.5.2011
am 5.5.2011

Das Jobcenter Pankow ist zwar nicht immer nett, aber es ist meistens recht fix, was die Bearbeitung von Anträgen angeht.
Heute bekam ich gleich dreimal Post von ihm.

Ersteinmal bekam ich einen vorläufigen Bewilligungs-Bescheid bis zum November für mein Geld, ein-schließlich einer sechsseitigen Widerrufs und Rechts-Belehrung und einem Schreiben für die GEZ, etwa sechs Seiten stark, beidseitig bedruckt.

In einem weiteren Schreiben bekam ich mitgeteilt, dass ich im letzten Halbjahr, wie ich es angegeben hatte, selbständig gearbeitet hätte und dass man das beigelegte Formular zur den abschließenden Angaben zum selbständigen Einkommen von mir, das beigelegt war, noch benötige. Dieses Schreiben, einschließlich des Formulars, den Ausfüllhinweisen und der Rechts-Belehrung war zwölf Seiten, beidseitig bedruckt, dick.

Im dritten Brief schließlich, der dann nur noch fünf Seiten, beidseitig bedruckt stark war, teilte man mir mit, dass man mir für meine Unterkunft künftig kein Geld mehr für Warmwasser abziehen würde, einschließlich Widerspruchs- und Rechtsbelehrung.

Also das man den halben Grunewald extra abholzt, um nur mich Rechts zu belehren, ehrt zwar das Jobcenter, schützt aber den Wald nicht.
Und so ganz nebenbei fragt man sich, was der Verwaltungsaufwand in diesem Falle gekostet haben mag.
Da wäre doch eigentlich ein Bedingungsloses Grundeinkommen angebracht.

Dazu passt dann auch die Medien-Meldung von gestern.
Das OLG Köln hat Hartzies jetzt Sportwetten verboten.
Ähm … versteh ich nicht!
Man hat doch als Hartzie ALLE Mittel und Möglichkeiten auszuschöpfen, um aus dem Hartz-IV-Bezug heraus zu kommen!

Außerdem, wenn man sich, gemeinsam mit etwa zweitausend anderen Leuten auf einen freien Arbeitsplatz bewirbt, gleicht dieses doch auch einer Lotterie!

Willkommen zum Okbeat on Stage mit Sarah Schirm, Sandra Steglich & Ralph, Robby Maria, Wolfgang Endler ick bin r.g.

***

Antje im Liebeswahn
am 12.2.08

Immer wenn ich meine Freundin Antje kontaktiere, geht es mir hinterher so gut, dass ich am liebsten abheben möchte, was ich aber bislang noch nicht getan habe, sind doch Flüge, wie die, die ich nach einem Kontakt mit Antje durchführen möchte, recht einmalig. Naja, wer sich vom Dach eines Zehngeschossers stürzt, hat immer nur einen Versuch.
Im Gegensatz zu meiner taffen Tina ist meine Antje ja schon immer mit einer großen Oberweite und einer niederen Intelligenz gesegnet.
Nun hat Antje auch noch Depressionen, weil kein Mann in ihrer Umgebung mehr freiwillig mit ihr ausgehen möchte. Was zur Folge hat, dass sie nun noch mehr Depressionen hat, weil kein Mann mehr mit ihr ausgeht.

Nachdem sie mir jüngst wieder einmal am Telefon zwei Wochen lang meine Ohren voll geheult hatte, dass ihr Freund Peter sie laufend versetzt, weil er ständig „arbeiten" muss, der hat wohl so einen „voll ekligen" Chef, ließ ich mich schließlich doch auf Date mit Antje ein.
Wir trafen uns am S-Bahnhof Schönhauser Allee, einem, in meinen Augen überaus günstigen Punkt in der Stadt, um alles mögliche zu unternehmen.

Schon nach einer Minute wurde mein Vorschlag, uns ins angrenzende Shopping-Center zu begeben, um dort eine Latte zu trinken, abgewatscht mit den Worten:
„Ne Latte kannste ja haben, aber nicht bei mir und nicht in dem Center! Da sind mir zu viele Leute."
Also wechselten wir, im Gespräch, die Straßenseite und ich dirigierte sie vorsichtig zum nächsten Straßencafé. Das muss man sich mal vorstellen, Peter hatte sie gestern und vorgestern versetzt, weil er arbeiten musste und sie hatte sich gelangweilt. Ins Café wollte sich Antje mit mir dann aber doch nicht setzten, weil es ihr hier zu staubig und zu schattig war.

So schlenderten wir weiter. Unauffällig näherten wir uns dem Park am Arnimplatz. Antje hatte mir unterdessen erzählt, wie stressig doch ihr neuer Job bei einer Sicherheitsbude sei, die seit kurzem die Polizeiwachen bewachen. Für mich unlogisch, warum sich denn nun die Polizei von einem Wachschutz bewachen lassen muss. Aber das schlimme sei, so erzählte mir Antje, dass sie in der Frühschicht von 6.oo – 18.oo Uhr die ganze Zeit lang an einer Schranke stehe, die sie laufend auf und zu, auf und zu, auf und zu machen müsse ... und das den ganzen Tag lang, auf und zu, auf und zu .... das muss man sich mal vorstellen! Wir suchten uns eine freie Bank, blieben aber dort nur so lang dort sitzen, bis mir Antje ausführlich berichtet hatte, dass sie die ganze Schicht lang nur die Schranke auf und zu mache.
Im Park gefiel es ihr nicht, da es ihr dort zu sonnig war. Auch störten sie die gackernden Rentner in der Nähe.
Fast mit meinem Latein am Ende, wo man denn nun noch mit ihr hin könne, kam mir die blendende Idee mit Kinderbauernhof und Mauerpark. Fast wie ein Überraschungsei, zwei in eins.

Auf dem Weg dort hin erzählte mir Antje, wie belastend doch ihre Nachtschicht in ihrem neuen Job von 18.oo bis 6.oo Uhr sei. Ja, sie fühle sich dort absolut unterfordert! Es gäbe da nicht genug zu tun für sie! Nicht mal Schranke auf und zu machen, könne sie da, weil Nachts einfach zu wenig los sei. Sie langweilige sich da nur. Sie könne von dort nicht mit ihrem Typen telefonieren, um Dates mit dem auszumachen, die er dann doch nicht wahrnähme, sie darf nicht fernsehen, im Radio läuft eh immer das gleiche und ihre Kollegen sind sowieso alle doof, weil die sich nicht mit ihr unterhalten und überhaupt, sie sei Nachts einfach unterfordert!

Das schattige Plätzchen unter einer Pappel am Kinderbauernhof, das ich ansteuerte, behagte Antje nicht: „Weißt du, das stinkt mir hier zu sehr nach Tieren!"
Auf dem kurzen Weg bis zum Mauerpark erzählte sie mir dann noch in allen Einzelheiten, dass sie am letzten Wochenende bei einer Party gewesen war. Natürlich ohne ihren Peter, der sie mal wieder habe sitzen lassen. Ach ja, in den Mauerpark kann sie sich mit mir nicht setzen, wegen der wenigen, nervigen Kinder dort auf dem Spielplatz, die immer herum bläken.
Aber wir können ja wieder zurück zum S-Bahnhof Schönhauser Allee schlendern, aber nur auf der schattigen Seite der Straße. Und überhaupt, weil ihr Peter ja nie mit ihr irgendwo hin geht, er kommt ja auch zu selten zu ihr und lässt sie laufend sitzen, nur deshalb hat sie sich am Wochenende bei der Party bis zum Koma vollaufen lassen. Das machen dort doch alle so, und auch wenn sie mittlerweile fast fünfunddreißig ist, will man ja doch dazu gehören, da kann man sich dann ja schließlich auch allein ins Koma saufen, ... wie all die anderen.

In der Zwischenzeit hatten wir wieder einmal die Straßenseite gewechselt, weil es Antje im Schatten einfach zu schattig war!

Aber ihr Peter würde sie auch ständig und immer wieder versetzen! Warum macht der das laufend mit ihr? Und einen neuen Kerl bei einer Party kennen lernen, das würde doch nun auch nichts bringen, weil die Kerle sich bei diesen Partys eh immer nur alle besaufen würden. Wir wechselten indes wiederum die Straßenseite, weil sie auf der sonnigen Seite von der Sonne genervt war. Immer und immer wieder muss ihr Peter kurzfristig die Termine mit ihr absagen, weil der so einen blöden Chef hat, der die Angestellten vierzehn bis achtzehn Stunden am Tage arbeiten lässt. Und das nervt sie einfach! Wenn ihr Peter aber mal bei sich zu hause ist, dann lässt er sich am Telefon meistens von seinem AB verleugnen.

Als wir, ich nun mittlerweile Fußlahm, endlich wieder an unserem Ausgangspunkt angelangt waren, fragte sie mich plötzlich und ohne Vorwarnung, ob wir heute nicht noch etwas unternehmen könnten? Aber ins Shoppingcenter könne sie mit mir nicht, denn sie habe schließlich kein Geld, denn es sei ja erst Monatsanfang und da muss das Geld doch noch bis zum Monatsende hinkommen und da sie das ja nicht vorher abschätzen kann, kann sie nicht mit mir shoppen gehen.

Und nie könne sie etwas mit ihrem Peter unternehmen, weil der ja laufend die Termine mit ihr so kurzfristig absagt. Außerdem, jetzt, wo sie ja wieder Arbeit hat und am Tage ständig die Schranke auf und zu machen muss, ist sie abends ohnehin geschafft. Wenn sie jedoch aus der Nachtschicht kommt ist sie so genervt von ihrem Job, der sie ständig so unterfordert, dass sie danach dann nicht mehr so gut drauf ist.

Ich hörte die nächste S-Bahn rattern und schob sie Richtung Bahnhof. Mir war es gleich, welchen Zug sie nahm. In den nächsten Tagen ließ ich zu hause meinen AB immer erst anspringen, bevor ich eventuell ans Telefon ging. Mit Tina kann man ja reden.

Nur eines muss ich irgendwann einmal, in ferner Zukunft, noch in Erfahrung bringen. Und das ist, warum sich Peter viel zu selten mit Antje trifft!

***

Aquarium
am 1.3.06

"Das sind Keilschwanz-Binden-Salmler, das sind südafrikanische –Victoria-Schlammküsten-Barsche und hier haben wir noch gescheckte Siamesische Barben.", sagte sie. "So?", sagte ich. "Ich dachte immer, es gibt nur siamesische Zwillinge? Muss man denn die zu zweit halten, ... so als Pärchen ... für Nachwuchs und so?"
"Naja ...", sagte sie, "... die gescheckten, siamesischen Barben halten sie am besten immer mit südchinesischen Nymphen-Brütern." "Aha!", sagte ich.

Da mein Gesichtsausdruck wohl sehr >intelligent< aussah, setzte sie nach: "Sie können natürlich auch puselwulische Grün-Amöben, Zahn-Zapfen-Barsche oder Kaiser-Specht-Forellen dazu geben, nur bei Iranischen Bierlingsbäuchen wird es gefährlich!" "So, so!", sagte ich. "Haben sie nicht auch irgendwo noch normale Guppys, Blackmolly's oder Welse? ... die kenne ich nämlich!"
"Warten sie mal ... Guppys sind hier, Blackmollys ... also sie können auch weiße Albino-Blackmolly's haben ... und Welse ... mh ... hier ist ein grün gefleckter Flieder-Wels, dann da, der gepunktete Tiger-Wels, oder möchten sie lieber

31

Antennen-Welse?"
Ich nickte: "Je zwei bitte!"
Mit zwei Zebra-Antennen-Welsen, zwei grauen Kiemen-Drüslingen, zwei Neon-Molly's, vier sibirischen Achat-Keimlingen und zwei silbernen Amazonas-Steh-Seidlingen als Beute verließ ich die Zoohandlung.
So schlimm hatte ich mir den kauf von Fischen, simplen Fischen, nicht vorgestellt.

Schon seit Jahren stand für mich fest: ich brauche mal wieder ein Haustier. Dabei wollte ich jedoch keine Tiere, die möglicherweise einen größeren Intelligenz-Quotienten, als ich haben. Deshalb kam ein Hund gar nicht erst in Frage. Katzen, ... naja ... die haaren, springen überall rauf, krallen sich überall fest und Katzenfutter stinkt halt. Karnickel kann man zwar in einer Box halten, sind aber blöd. Die haben ständig Angst die Biester. Meerschweinchen hatte ich schon. Die sind süß, pfeifen, wenn sie sich freuen und stinken kaum ... aber man sollte ja immer zwei davon halten und dafür fehlt in meiner Bude der Platz. So kam eine Ausrede zur anderen. Hamster machen Nachts Krach, Mäuse stinken, vor Ratten ekel ich mich, Vögel fliegen ständig weg oder machen Krach, ... außerdem, jetzt mit H5N1 ... . So kam ich auf Fische.
Das lag sicher auch mit daran, dass in der Zoohandlung bei mir im Einkaufs-Center seit gut einem Vierteljahr ein Starter-Set für nur 60 € herum stand.

Wochenlang hatte ich täglich einen Abstecher zur Zoohandlung gemacht, nur um nachzuschauen, ob das Aquarium-Starter-Set für Anfänger dort noch immer im Schaufenster stand.
Nun, am letzten Wochenende hatte es mich übermannt, ich war IN den Laden HINEIN gegangen, hatte meine Kreditkarte gezückt, hatte lächelnd "Das da!" gesagt und

hatte dann den schweren Glasbehälter mit den Maßen 30 x 30 x 60 cm im Karton, gleich mit Luftfilter, Käscher und Heizstab, geschultert und nach hause geschleppt.

"Das da!" stand dann einen Tag lang in meiner Wohnung herum. Ich konnte mich nicht entscheiden, ob es neben den Fernseher oder neben die Couch sollte. Ich stellte mir vor, wie bald Wassertulpen blühten, Fischlein sprängen und die Sonne sich darin spiegeln würde.

Am späten Nachmittag machte ich mich erneut auf den Weg zur Zoohandlung. Ich brauchte wohl erstmal Boden und einige Pflanzen, glaubte ich. Die Zoohandlungs-Fachverkäuferin begrüßte mich freudestrahlend mit: "Da sind sie ja schon wieder!"

Ich erklärte ihr, was ich vorhatte, käuflich zu erwerben und sie gab mir Ratschläge. Dass einfacher Kies nur teuer ist, wenn darauf: "Aquarien-Kies" steht, erfuhr ich erst beim Bezahlen. "Zwanzig Kilo brauchen sie mindestens!" Ich nahm fünfzehn ... zwölfeinhalb hätten aber auch gereicht. Wasserpflanzen ... ja, genau die ekligen Dinger, die einem laufend seicht um die Beine streichen, wenn man mal im Baggersee zu weit raus schwimmt .... Wasserpflanzen, so groß wie mein Daumen, sind teurer, als eine mannshohe Konifere in der Baumschule. So nahm ich von der mir empfohlenen Menge nur je die Hälfte, kaufte aber in den nächsten Tagen noch so einiges nach und stellte schließlich fest, dass der Inhalt des Aquariums. nur Pflanzen und Steine, den äußeren Wert schon überschritt. Naja, wie bei Menschen, da zählen ja auch mehr die inneren Werte.

Mehrere Tage lang wusch ich dann Kies, setzte Pflanzen ein, setzte Pflanzen um, schuf Berge und Täler im Boden, die immer dann wieder zusammenfielen, wenn ich Wasser einließ. Allen Unbilden zum Trotz stand es aber dann doch eines Tages bereit, tierische Bewohner aufzunehmen.

Nun, auch die Fische gewöhnten sich ein. Ich indes stellte verblüfft fest, dass ich noch weit aus mehr Utensilien benötigte, als ich bislang schon besaß. Ein Absaugschlauch mit Trichter, ein Wassereimer, der nicht aus weichmachendem PVC bestehen durfte, wegen der Fische, benötigte ich genauso wie Fischfutter in Form von Tabletten, Pulver, getrockneten Wasserflöhen, angereichert mit vielen, lebenswichtigen Vitaminen und Mineralstoffen und Pflanzendünger ohne Nitratzusatz für die Wasserpflanzen. Dann brauchte ich unbedingt noch Wasseraufbereiter für neu eingesetzte Fische, verschiedene Heilmittel gegen verschiedene Parasiten und, ganz wichtig, Wasserenthärter für Aquarien ohne Säurezusatz!

Schließlich, als ich, blank wegen meiner ganzen Ausgaben, ein treffen mit Tina absagte, hörte ich von ihr, am anderen Ende des Telefons, nur ein Lachen:
"Bärchen, hättest du das doch vorher gesagt! Ein ganzes Aquarien-Einsteiger-Set mit Kies staubt seit fünf Jahren in meinem Keller vor sich hin. Du hättest viel Geld sparen können!"
Naja, wenn meine Fische beim Sex nicht so laut sind, dürfen sich die Biester bei mir auch mal fortpflanzen ... für das alte Aquarium von Tina finde ich schon noch einen guten Platz.

***

Auto
am 24.2./2.3.06

"Du liebst mich nicht, du liebst mich nicht!", kreischte die Dame im Fernsehen. "Ich dich schon!", dachte ich, während ich den Fernseher abschaltete, mir die Autoschlüssel griff und meine Wohnung verließ.

„Komm, gib nochmals alles!", sagte ich, als ich einstieg.
Rumpel-Rassel-Rassel-Rassel!
"Du hast mich doch nie wirklich im Stich gelassen und warst immer treuer, als all meine Frauen in den vierzehn Jahren, seit du bei mir bist."
Rumpel-Rassel-Rassel-Rassel!

Er quälte sich mächtig mit dem Erwachen. Nach einem nochmaligen Rumpel-Rassel-Rassel-Rassel kam schließlich ein "Wummm". Das war seit Jahren so typisch! Erst mich mit einem Rumpel-Rassel-Rassel-Rassel in Panik versetzen und mich dann mit einem "Wummm" erschrecken.
Okay, er war wach. Der Motor lief. Dafür beschlugen jetzt, fast schlagartig, gleichzeitig von innen alle Scheiben. Wie immer dehnte ich mich im Sitz, säuberte mit dem Schwamm die Scheiben und wartete auf das übliche ... und da kam es auch schon ... Rumpel-Rassel-Rassel-Rassel ... der Motor war natürlich wieder aus ... die Scheiben waren in genau diesem Augenblick frei.

Kupplung – Zündung – Rumpel-Rumpel ... Wummm! Da war er wieder! ... anschnallen, erster Gang, Blinker, Kupplung schleifen lassen, Blick in den ... beschlagenen ... Rückspiegel, Blick nach vorn ... Kupplung weiter schleifen lassen und raus aus der Parklücke. Wummm!

Bis zur nächsten Ecke, das war im zweiten Gang gut zu schaffen. Dann ging es um diese herum und im dritten bis zur nächsten Ampel. Beim Bremsen meckerte er, so dass ich nochmal im Leerlauf Zwischengas gab, während wir auf die Ampel zurollten. Blubber-Blubber- ... Wummm!
Bei gut zehn km/h schaltete die Ampel schon auf gelb-grün und so konnte ich im zweiten Gang wieder Gas geben. Wu-um-um-wumm.

Die letzte Fahrt! Ein letztes mal heizten wir gemeinsam über die Prenzlauer Allee, ich gönnte ihm auf der A114 bis zur Bucher Straße und wieder zurück, nochmals 130 Sachen, bei denen er schnurrte, wie eine Katze, die sich Sau wohl fühlt. Ein schlechtes Gewissen hatte ich schon, denn mein Kumpel von der Tankstelle, dem ich berichtet hatte, was mein kleiner Liebling für Problem machte, hatte letzte Woche noch gesagt: "Fahr ihn vorsichtig, und nur wenn du Glück hast, kommst du noch bis zur Autoverwertung! Aber ein 6-er im Lotto ist sicherer!"

Egal! Risiko! Wenn es drauf ankam, war er zuverlässig! So also Weißensee Rennbahnstrasse ... mit gut 60 und nochmals Buschallee mit knapp 70. Dann Seitenstraßen und dreißiger Zone bis zum Morgengrauen ... äh ... bis zur Autoverwertung!
Blubber-Blubber-Blubber, meckerte er, als ich den Motor ausmachte

Ein Monteur kam auf mich zugehechtet. "Na? Wat hat er denn?" "Ick hab sie anjerufen! Öl im Kühler!" "Wollen 'se sich gleich 'n neuen Gebrauchten aussuchen?" "Nee, die Kohle hab ich nich mehr! Und reparieren is nich?" "Ick hab ihn' det doch schon –zich mal am Telefon erklärt. Is die Zylinderkoppdichtung! 'N Cent-Artikel. Aber ick muss den Motor ausbauen, den Motor aus'nander nehm, die Dichtung einbauen, den Motor wieder komplett neu einrichten und wieder neu einbauen. Det is der janze Wagen nich mehr wert. Glooben se mir." "Ja!", sagte ich. "Mein Kumpel Aral-Peter hat mir det ooch jesacht."
"Sehn 'se, ick jebe ihn' ooch noch 10 €uro für den Sprit im Tank! Für die Verschrottung nehm ick ihn' nisch ab. Und wir kümmern uns komplett um alle Papiere." "Is jemacht, Meesta!", sagte ich.
"Woll'n 'se ihn noch selba verabschieden? Ja? Na, dann

fahrn 'se 'n mal nach hinten durch und stellen 'se ihn mank die Birken."

Mit einem Rumpel-Rassel-Rassel-Rassel ließ ich den Motor wieder an. Wumm-Wu-humm, jaulte er auf. Im Schritttempo fuhr ich nach hinten. Zum ersten mal sah ich den Autofriedhof in voller Pracht.
Hübsche junge Autos, in der Blüte ihrer Jahre durch einen Unfall aus dem Verkehr gerissen, standen hier verbeult herum. Andere waren mit Blumen bemalt und sinnige Sprüche wie "Tschüss Schatzi" oder "Alles Gute, Ute!" prangten auf ihnen. An einer anderen Ecke sah ich eine Schar Menschen, in Trauergewänder gekleidet, die einen alten Polo schoben ... auf der letzten Fahrt verstorben.

Ich stellte "Hasi", wie abgesprochen, an die alte Birke. Noch ein letztes "Wu-Wu-humm", dann folgte nur noch ein aller letztes Rumpel-Rassel-Rassel-Rassel und das Leben erstarb aus ihm.
Als ich die letzten beweglichen Dinge aus ihm entfernte, kam ich mir mit einem riesigen Kloß im Hals vor, wie ein Leichenfledderer.
Da war die Decke, auf der ich mich mit Tina am Strand von Rügen geliebt hatte. Das Kissen, das sich bei Kreuzschmerzen Antje immer in den Nacken gelegt hatte. Dann der zerfledderte Stadtplan Berlins, auf dem höchstens noch die Hälfte der Straßennamen stimmte und nach dem ich mich immer mindestens einmal verfuhr.
Das Päckchen Tabak und die Blättchen, noch aus den Zeiten, als, das erste, was ich im Auto anmachte, wenn ich einstieg, eine Zigarette war. Wie lang war das jetzt her? Zwei oder drei Jahre?
Und schließlich nahm ich auch noch die Stoffente mit, die am Innenspiegel hing ... übrig geblieben von irgendeinem Kind irgendeiner Frau in die ich mal wahnsinnig verliebt

gewesen sein muss. Im Handschuhfach fand ich dann noch den Salzstreuer, das Taschenmesser und die Dauerkekse für den Notfall, der nie eingetreten war.
Schlüssel ziehen und ein letztes Mal die Tür zuschlagen.
Dann stand ich da, gesenkten Hauptes und hielt meine vorbereitete Rede:
"Machs gut Hasi, mein alter Freund. Du hast mehr geschluckt, als meine letzte Freundin, hast häufiger gebumst, bist öfter gekommen und du warst immer da, wenn ich dich brauchte. Lass es dir gut gehen im Auto-Himmel."

Dann verschwamm alles vor meinen Augen. Ich kam wieder zu mir, weil Tina sich auf dem Handy meldete und fragte, ob ich den Termin mit ihr vor dem Kino in der Kulturbrauerei vergessen habe. Wir wollten uns doch gemeinsam einen Trucker-Film ansehen.
Ich schluckte nur.

***

Bäuerlicher Achtzeiler aus dem 359.O.K.beat vom 19.7.08 am 19.7.08

Raucht der Bauer einen Joint
Wird der Tag für ihn zum Freund!
Ist er dann besonders heiter
Fällt er freudig von der Leiter!
Bricht er sich so dies und das
Raucht er noch ein Tütchen Gras!
Und fällt dann ganz munter
Nochmal runter!

Bei mir ist das immer so....
am 28.8.2010

Du hast ihn immer dabei! Du kannst ihm nicht entrinnen. Er kommt immer zu spät. Und jedes mal hoffst du, dass es dich selbst dieses mal nicht erwischt, denn er ist zu Beginn nie da!

Er hat einen Dutzendnamen und heißt Thomas, Micha, Bernd oder Hugo! ... und er sprengt jedes mal das Seminar. Ganz gleich, in welcher Veranstaltung du gerade bist, ob im Workshop „Die selbst gebretzelte Küchenshow im ALEX-Fernsehen", ob im Ikebana an der Volkshochschule, ob beim Elternabend in der Kita oder beim Wochenend-Wohlfühlkurs in der Thermalbädern des AKW-Greifswald, du hast ihn immer dabei.
Manchmal schaffen es die Leiter dieser Veranstaltungen, diesen Typen ein wenig zu bremsen, zu bändigen, aber das klappt fast nie vollständig.

Bernd, Thomas, Hugo, Micha oder Klaus-Erwin kommt dabei immer wenigstens zehn Minuten nach der Vorstellungsrunde. Niemand weiß deshalb, wie diese Type nun genau heißt. Das ist halt der Typ, wobei man sich die anderen Namen sicherlich auch nicht merken wird, aber diesen Dieter, Paul oder Heinz, den merkt man sich nachher für immer.
Weil er nun zu spät kommt, herrscht erstmal allgemeines Stühlerücken, weil nun nur noch der unbeliebteste Platz, genau vor dem Pauker oder in der hintersten Ecke frei ist, in der die Klamotten der anderen liegen, die nun wieder ihrerseits aufstehen müssen, um diesen Platz frei zu räumen.

Anstatt nun ruhig zu sein, wird dann erstmal von Peter, Franz oder Tommy geräuschvoll der gesamte Inhalt einer

Aktentasche, der eines laut knisternden Plastikbeutels, die Nierentasche und der Rucksack ausgepackt und auf der Tischplatte laut hin und her geschurrt. Als Krönung wird dann nach mit einem lauten PIPP-Didellidi das Handy ausgemacht, wenn er es nicht an behält, weil ihn in zwanzig Minuten unbedingt noch seine Kinder und seine Schwiegermutter, mitten in der Veranstaltung anrufen müssen und er sich dann nach dem klingeln mit einem „Tschulligung ... Ja gleich. ... Tschulligung! ... ich bin dann mal .... aber du weißt doch ... Tschulligung .... ja, gleich, Susi ...." mit lautem Stühle schurren kurz aus dem Raum verabschiedet, um nach drei Minuten den Raum wieder genauso geräuschvoll zu betreten.

Es fehlt dann zum Abschluss eigentlich nur noch das laute PFFFT einer öffnenden Cola-Flasche, die natürlich übersprudelt.

Nun kehrt erst einmal Ruhe ein.
Es ist die Ruhe vor dem Sturm.
Dann, plötzlich, wie ein erstes Grummeln kurz vor einer Lava-Explosion, kommt sie, die erste, die alles entscheidende, die unvermeidliche Frage von Dieter, Uwe oder Daniel:
„Wo sind wir jetzt eigentlich?"

Unruhe entsteht. Mitleidvolle Blicke treffen ihn und irgend jemand der Umsitzenden versucht nun möglichst leise, also tuschelnd, kurz und in drei Worten, diesem Typen zu erklären.
„Aber das verstehe ich jetzt nicht.", platzt es natürlich laut aus ihm heraus.

Nun hat André, Thomas oder Dirk die ungeteilte Aufmerksamkeit aller in dem Raum, die er auch nicht wieder von sich ab gibt und immer wenn er merkt, dass er diese volle Aufmerksamkeit nicht mehr hat, kommt die unweigerlich nächste Frage.

Erst ist es nur ein Brubbeln wie:
„Also bei meiner Frau ist das irgendwie anders."
„Auf meinem PC sieht das nicht immer so aus."
..... oder .... „Das verstehe ich jetzt nicht."

Das ist eine sehr schöne Frage, dieses „Das versteh ich jetzt nicht", weil alle anderen in diesem Raum es bereits, zumindest ansatzweise, verstanden haben.
„Das versteh ich jetzt nicht."
Die nächste Viertelstunde bemühen sich nun alle anderen in dem Raum, Gerd, Siegfried oder Erwin, dieses eine, für das eigentliche Verständnis der Situation im Prinzip unbedeutende Detail zu erklären, was in dem Satz des Typen endet: „Also das verstehe ich nun aber immer noch nicht." Worauf hin der Leiter der Veranstaltung sich gezwungen sieht, laut zu verkünden: „Ich erkläre ihnen das nachher in der Pause".

Nach etwa weiteren zehn Minuten ist es für Harald, Olaf oder Thorben an der Zeit, die richtigen Fragen zu stellen:
 „Gilt das jetzt für alle Kinder?" .... JA! ... Sonst hätte man das nicht erklärt!
„Sollte man das denn dann immer machen?" ... Natürlich! Das wurde doch gerade gesagt!
„Ist denn das allgemein so üblich." ... mh .... Ja! Allgemeine Verfahrensweise.

Ist diese Frage-Phase abgelaufen, kommen wir nun zu den bösen, gemeinen, hinterhältigen Fragen, die dann bis zum Rest der Zeit während der gesamten Veranstaltung in schöner Regelmäßigkeit wiederholt werden und die deshalb so gemein sind, weil sie solch total persönlicher Art sind, dass die Antwort darauf eigentlich keinen anderen im Raum mehr interessiert.

„Wenn nun aber meine Tochter ....“ ... Es ist mir egal ....

„Also bei mir ist das immer so, ...“ .... Es ist mir wirklich vollkommen gleichgültig, wie es bei Bernd, Wolfgang oder Udo ist!

„Bei meiner Frau ist das immer irgendwie anders. Könnte ich es denn auch noch so weiter machen?“ .... Ich will nicht wissen, ob du beim Sex auf dem Balkon einen Kopfstand machst oder ob bei dir nur die Maus piept.

„Wenn ich nun aber bei mir ....“ .... gähn .... röchel ... schnarch ....

Und im das Bild abzurunden, weiß Thomas, Ingo oder Herbert auch noch alles besser.

„Bei mir ist das immer so ...“

.... um nachzusetzen: „.... wenn ich es dann aber so mache, dann ist das bei mir aber auch anders! ....“

Es folgen:

„Das hab ich jetzt nicht verstanden.“

„Gilt das jetzt für alle Kinder?“

„Wenn nun aber meine Tochter. ...“

„Aber bei mir ist das immer so ...“

Ich frage mich jedes mal, wie es kommt, dass solche Type immer dabei ist.

Die müssen sich doch auch irgendwie vermehren.

Wenn die aber bei ihrer Frau oder Freundin auch erst jedes mal nachfragen müssen: „Bei mir ist das immer irgendwie anders.... ... wenn nun aber meine Tochter .... das hab ich jetzt nicht verstanden .... bei mir ist das immer so ...“, wie kommt dann da die Biene auf die Blüte?

Also bei mir ist das immer so ... .!

Blick zurück nach vorn
am 27./31.12.09

Silke kam am Donnerstagmorgen und blieb über Nacht. Damit hatte ich nicht gerechnet.

Wenn meinen PC das Zipperlein plagt und ich muss Udo anrufen, weil ich denke, ich bekomme bei der Kiste das eh nicht hin und Udo braucht dafür vielleicht nur eine halbe Stunde, spätestens, wenn ich dann Udo am Telefon so etwas erkläre wie: „Weißt du, immer dann, wenn ich auf die A-Taste komme, schreibt er ein P!" und Udo fragt: „Macht der das immer oder nur manchmal? ... Na egal, ich komm dann trotzdem mal kurz vorbei!" ... Immer dann weiß ich: Udo bleibt über Nacht, Udo braucht einen Abend-Döner und ein Früh-Morgens-Hähnchen ... und Udo braucht mindestens anderthalb Flaschen Rotwein ... für sich allein!

Aber Silke wollte eigentlich nichts. „Mach dir keine Umstände!", hatte sie noch am Telefon gemeint und sofort hatte sie sich aus ihrer Kreuz-Köllner Bude auf den Weg zu mir an den Prenzel-Weddinger-See gemacht. Voraus gegangen war ein kurzes Gespräch mit ihr. Wir telefonieren öfter mal miteinander. Ich hatte Silke vor einigen Monaten bei einem PC-Erweiterungskurs in Lichtenberg kennen gelernt und wir hatten uns sofort verstanden. Na, jedenfalls hatte ich soeben im Gespräch nebenbei erwähnt, dass ich noch keinen blassen Schimmer hätte, was man vom neuen Jahr wohl erwarten könne. Innerhalb eines Jahres kann ja vieles passieren. Genauso plötzlich, wie Berliner Mauern wogen und Tsunamis vom Himmel stürzen können, genauso plötzlich könnte es auch ein Erdbeben am Kottbusser Tor oder einen totalen Stromausfall in Brandenburg geben. Daraufhin hatte Silke gemeint, sie könne so etwas auspendeln, wenn sie zu mir kommen solle. Sie solle nicht extra deshalb und ich hätte sowieso nur noch Hefeklöße im

Kühlschrank, meinte ich, aber sie hatte nur gekichert und gesagt: „Na, ich mach mich dann gleich auf den Weg und mach dir keine Umstände!"

Mein Staubsauger heulte gerade aus, als sie an meiner Wohnungstür klingelte.
Nach der Begrüßung und einer Tasse Kaffee machte sie sich ans Werk. Zuerst verteilte sie auf meinem Esstisch sehr, sehr viele Tarot-Karten, die sie säuberlich in verschieden hohe Stapel über die ganze Fläche verteilte. Dann holte sie das erste Pendel aus ihrer Tasche.
„Oh!", meinte sie dabei, „Du hast hier aber einen starken Gravitationseinfluss. Sieh mal, das Pendel zeigt ständig nach unten!"

Nachdem sie noch zwei weitere Pendel aus ihrer Tasche hervorgezaubert hatte, stellte sie verblüfft fest, dass der Gravitationseinfluss der Erde auf meine Wohnung wirklich außerordentlich stark sein muss. Und selbst die Feder eines Hoatzine's, eines südamerikanischen Göttervogels, der noch Krallen an Flügeln hat, fiel stetig, wenn auch sanft, immer und immer wieder nach unten.

„Hast du vielleicht ein lebendes Huhn da, das wir opfern können?" Ich verneinte bedauernd, zeigte aber auf mein Aquarium!

Silke war sofort hell auf begeistert. Sie nahm eines ihrer Pendel, ließ es etwa zehn Minuten lang über dem Aquarium kreisen und murmelt ständig ein. „Ist ja außerordentlich interessant, also wirklich außerordentlich interessant." Als sie sich wieder setzte, war ich dann doch sehr gespannt. „Silke, was ist los? Du bist ja ganz blass!" „Du weißt du!", sagte sie, „Immer wenn das Pendel zum Aquarienrand zeigte und Fische sich dort aufhielten, schwammen die rückwärts.

Das heißt, dass es wohl auch bei dir im neuen Jahr nicht vorwärts geht. Lass uns mal was anderes Probieren."

In den nächsten gut vier Stunden befragte sie erst ihre Glaskugel, dann nahm sie ein Getränk aus frischer H-Bio-Ziegenmilch aus dem Naturkostladen mit einigen Würfeln geschnittenen Fliegenpilzes zu sich und verfiel danach in eine tiefe Trance. Ihr Erweckungsritual daraus bestand darin, dass sie die Schuppen mehrerer frischer und somit feuchter Pinien-, Tannen- und Kiefernzapfen in einem Aschenbecher so abfackelte, dass möglichst viel ätzender und beißender, wenngleich auch wohlriechender Qualm durch meine Bude waberte.

Tränen in den Augen und fast schon erschöpft, röchelte sie: „Rolf, ich habe soeben dich gesehen. Dich, wie du im neuen Jahr schuftest. Aber viel verändern tut sich nicht. Da sind überall noch diese Nebel..."
„Ja und?", rief ich aufgeregt, „Was wird mit mir und den Frauen?"
Nun entzündete Silke erst mehrere Wunderkerzen, dann ein kleines Feuerchen in einem weiteren Aschenbecher, in das sie immer wieder übel riechende Kräuter hinein streute. Sie stopfte sich auch ein Pfeifchen, fiel erneut in Trance und umtanzte in den nächsten Stunden immer wieder mit wilden Gesten meinen Tisch, auf dem immer wieder andere aufgedeckte Tarotkarten lagen und über denen sie neu pendelte. Schließlich hatte sie es wohl.
„Du Rolf!", verkündete sie, „Du wirst in diesem Jahr Sex haben! Ich hab einen Buben in drei Jungfrauen aus gependelt. Du wirst Sex haben, mein guter. Aber lass uns mal zur Sicherheit noch etwas anderes probieren."

Es dämmerte bereits der Morgen, als ich ihr eine große Kanne handgemahlenen Kaffees kochen musste und sie dann aus Kaffeesatz heraus las: „Hier ist ein großer, dunkler Mann. Ich weiß nicht was das zu bedeuten hat. Da müssen wir wohl noch die Ahnen befragen."

Gemeinsam setzten wir uns nun an den Tisch und während sie, nach einem weiteren Pfeifchen, erneut in Trance verfiel, bildeten wir beide mit den Händen einen Magischen Kreis.
Schließlich würfelte sie, pendelt sie und fragte erneut mehrfach ihre Tarotkarten.
Es war schon helllichter Tag, und der Hartzi im Haus gegenüber schlurfte bereits zum Kiosk an der Ecke, um sich seine allmorgendliche BZ zu holen, wie ich aus dem Küchenfenster hinaus sah, als Silke wohl endlich zu einem Ergebnis gekommen war.

Mit Tränen in den Augen und feierlich halb erstickter Stimme erklärte sie mir: „Rolf, ich hab es! Das neue Jahr wird für dich nicht schlechter als das alte. Neben vielen Niederlagen wirst du auch etliche Triumphe für dich erwarten können. Ob du eine neue Freundin bekommst, lässt sich nicht absehen, aber vielleicht wird's ja was mit einer neuen Kumpeline. Ansonsten ist alles sehr im Fluss." Und dann verkündete sie noch: „Du wirst sehr viel auf deine Lebenserfahrung zurück greifen können!"

Nachdem wir dann noch gemeinsam gefrühstückt hatten und ich Silke in ein Taxi gestopft hatte, wofür ich ihr wenigsten noch etwas Geld in die Hand drückte, legte ich mich für ein paar Stunden aufs Ohr. Ich träumte nebulös von Silke, Annika, Tina und Tasha, von wehenden Nebeln, streuenden Katzen und tapsigen Bärchen.
Ja, das neue Jahr würde wohl ähnlich werden, wie das letzte!

***

Die Bommmaschine
am 30.9.09

Meine Nachbarin Chantall Meier ist hinter mir her, wie der Deibel hinter'm Weihwasser. Dass ihr geistiger Horizont sich zwischen der Mittagstalkshow auf Sat 1 und der Nachmittagstalkshow auf RTL bewegt, ist nur ein Beweis ihres ... nunja .... recht einfachen Gemüts, dass sie hinter mir her ist, sicher ein weiterer. Aber sonst wie gefährlich scheint sie nicht.

Neulich rief sie mich, während ich mich gerade damit befasste, dass eine eigene Bommmaschiene im Haus vielleicht doch ganz nützlich sei, unverhofft an und fragte, ob ich so nett wäre, ihr vielleicht zwei kleine Zwiebelchen zu leihen. Gutmütig ... und doof ... wie ich in dem Falle immer bin, sagte ich ihr, sie möge doch bitte zu mir an die Tür kommen.
Ich hatte kaum das Telefon aufgelegt und meine Hände suchten im untersten, hinteren .... also in dem Gemüsefach meines Kühlschranks ... nach dieser rauen, splitterigen Schale von Zwiebeln, als Chantall auch schon an meiner Wohnungstür stand und läutete.

Chantall ... ein Name wie Musik ... oder wie die Dirne im Swingerclub auf der anderen Straßenseite, drei Häuser weiter.
„Unsere" Chantall im Haus war mit ihren gut 120 Kilo, bei einer Körpergröße ... mit Kopf, bei etwa 1,60 m, nicht zu übersehen. Und natürlich überfuhr sie mich, im wahrsten Sinne des Wortes, rammte mich über den Haufen und kam erst in meiner Küche zum stehen.

Ja, sie will sich was zu essen machen und da fehlten ihr einfach noch Zwiebeln, plapperte sie los. Und ob ich noch, ... ich nickte, ihr zwei kleine Zwiebelchen geben könne, sie könnten aber auch ruhig etwas größer sein.

Meinen Hinweis, dass sie sich ja auch ein Netz Zwiebeln selber aus dem Supermarkt an der Ecke holen könne, der habe sicher noch auf, schließlich sei es jetzt noch zeitig genug, um auch dann noch den Beginn der Mittagstalkshow zu sehen, schmetterte sie entrüstet ab mit den Worten:
„Na meinen sie etwa, ich kaufe mir gleich ein ganzes Kilo?"

Überwältigt von dieser Logik, ... ich als Single-Mann kaufe regelmäßig alle sechs bis acht Wochen ein Kilo Zwiebeln .... und verbrauche die auch noch meist allein! ... kramte ich im unteren Kühlschrankfach weiter, wurde fündig und streckte ihr zwei große Zwiebeln entgegen.
Chantalls Aufmerksamkeit war indes von der makellos weißen, erst vor zwei Wochen frisch gestrichenen Wand gefesselt.
„Wollen sie sich da noch ein paar Bilder hin hängen oder ein Regal? Ich hab da noch so ein Bild bei mir oben. So mit röhrendem Hirsch und glücklichem Wald. Sie können gleich mit zu mir hoch kommen.", plapperte sie und setzte nach:
„Mein Bruder hat auch eine Bommmaschine, die er ihnen sicher gern leiht, aber die haben sie ja sicher auch selbst. ALLE Männer haben eine Bommmaschine!"

Irgendwie, unter viel Gelächter und mit reichlich Komplimenten auf ihre Figur und wie sie doch gerade in den letzten zwei Tagen abgenommen habe, schaffte ich es, Chantall, meine Nachbarin, nach nur einer halben Stunde sanft aus meiner Wohnung zu bugsieren.

Ich gebe ja zu, dass mich der Kauf einer eigenen Bohrmaschine schon reizte. Endlich könnte ich mich beweisen und selbst mal die sonntägliche Mittagsruhe der

Nachbarn mit einem durchdringenden „Wäää-äääämmmh – wäää-äääämmmh" stören und meine männliche Kraft beweisen.

Mein Baumarkt, ein Obi, liegt ganz nahe. So entschloss ich mich zum Spontankauf, schulterte meine Geldkarte, tigerte zum Obi, wanderte dort durch die langen Reihen der Regale, griff mir die preiswerteste Maschine für nur 17,99 € ohne Koffer und Akku und zahlte lächelnd an der Kasse. Der Preis wohl, weil der Karton schon arg ausgefleddert war. Naja, für die drei Löcher, die ich pro Jahr bohre, reichte das Ding.

Jetzt war ich also zum richtigen Mann geworden! ... Ich hatte jetzt meine eigene Bommmaschine!

Die Bedienung so einfach, dass selbst ich als blutiger Laie mit meinen zwei handwerklich linken Händen damit zurande kam.
Noch am selben Abend schaffte ich es, das seit Jahrzehnten in der Kammer vor sich hin staubende Hängeregal an der frisch gemalerten Wand gerade, ordentlich und nicht schief anzubringen.

Am Tag danach wurde ich sehr früh, um kurz nach sieben, geweckt. Chantall stand mit ihrer Freundin Janine Kunze, groß, schlank, dolle Schuppenflechte am ganzen Körper und Herpes, vor meiner Wohnungstür und fragte mich, ob sie mich mit meiner Bommmaschine mal ausleihen könnte.

Als ich dann aber in Janines Wohnung sah, was da alles zu machen wäre, finge ich erst einmal an, erklärte ich die Bommmaschine für defekt, pfiff dabei auf meine halbe Männlichkeit und bohre seit her nur noch heimlich, wenn auf dem Hof die Müllmänner lärmen.

Chantall sieht mich nun auch immer so herablassend an, als hätte ich an Potenz verloren. Nicht mal mehr zwei Zwiebelchen leiht sie sich von mir.

Aber ich habe den Verdacht, dass sie nun mit Udo aus dem Vorderhaus zwiebelt. Udo hat eine eigene Bommmaschine, hat den I.Q. eines wilden Ebers auf Freiersfüßen und sieht genau dieselben Talkshows, wie meine Nachbarin. Die beiden ergänzten sich somit hervorragend.

Und vielleicht ergibt sich ja auch irgendwann mal wieder für mich die Möglichkeit, offen mit meiner .... Bommmaschiene zu protzen.

***

Büttenrede
am 23.1.09

Die Bütt, das ist'ne klare Sache,
das ist wohl das, was ich gerad' mache!

Ne Bütt, das ist hier wie der Schwof
Beides find' der Berliner doof

Weil man hier geistig rege ist
Sich mancher Kölner gern verpisst

Berlin liebt nicht den Karneval
Viel schöner ist ein Mai-Krawall
So lasst mich diese Bütt hier enden
Und etwas Musik einblenden!

***

Calzone
am 5./6./13./19./27.1./1.2.2006

Plötzlich stand er direkt vor mir, mit seiner Nudel in der Hand, und er sah nun nicht gerade aus wie ein Exhibitionist. Die ungekochte Spaghetti in seiner Hand zeigte direkt auf mich!
"Calzone Patrone!", sagte er.
Ich schaute ihn überrascht und ängstlich an, denn ich hasse das knackende Geräusch harter, zerbrechender Nudeln. Meine Sprachlosigkeit nutzte er aus.
"Iche bine nixe Italiano! Iche bine Nudist!"
Diese Worte versetzten mir einen Schlag und ich musste mich erst einmal setzen.
"Ich bin Nudist .... Nudel -sammler!", sagte er weiter.
"Na, wenn das so ist.... .", sagte ich.
"Andere sammeln Fahrkarten, einige, die Spotter, sammeln Seriennummern von Lokomotiven oder Flugzeugen, die sie gesehen haben, die reisen richtig durch das Land, nur um beispielsweise genau eine E-Lok mit einer bestimmten Nummer zu sehen. Dann gibt's Serienfans, die im Fernsehen nur die Out-Takes sammeln, wieder andere sammeln die Figuren der Ü-Eier, das sind dann die Eier-Leute und ich bin nunmal Nudelsammler, ich sammle ungewöhnliche Nudeln, ich bin Nudist. Los! Hohl deine Nudel raus!"
Dann intonierte er:
"Baumelt etwas in der Hose,
hängt es dort und ist sehr lose!"

"Was willst du denn nun?", fragte ich. "Meine Spaghetti oder was?" "Jaaa! Rücke alle deine ungekochten, ungewöhnlichen Spaghetti, Maccaroni, Buchstaben-, Sternchen-, Spirelli, Spiralen, Vollkorn-Nudeln raus."
"Na, da wird die Mutti aber stolz auf ihn sein! Bekommste von ihr dann 'n Bienchen?"

"Was? Bienchen-Nudeln gibt's auch?"

"Nein! Ich meinte doch nur! ... Warum überfällste denn nicht 'n Aldi oder 'n Penny? ... Haste denn wenigstens schon 'ne Ulk-Nudel?", fragte ich nach!

Da wurde er böse:

"Mach mich nicht an, eh! Sonst hau ich dich in die Calzone!"

"Man Gnocci!", sagte ich, "komm wieder runter und sei froh, dass ich dich nicht als Fussiliatone bezeichne!"

"Jaaa!" sagte er, "Das hab ich doch schon versucht! Ich hab mal einen Aldi überfallen, aber da waren ja nur Ulknudeln. Keiner hat mich ernst genommen! Da bin ich ohne Nudel wieder gegangen!"

"Du bist schon 'ne komische Nudel!", sagte ich. "Komm, ich lad dich zu 'nem Nudelauflauf zu mir nach hause ein."

Er nickte froh! "Schön, dass ich auch schon 'ne Nudel bin!"

Bei mir zu hause erzählte er dann, während er all meine Nudeln betasten durfte, wie schwierig es doch sei, ein echter Nudist zu sein. Er habe sich sogar schon mal mit Steffi Graf getroffen, um mit ihr Nudeln zu tauschen, aber Steffi wollte nur Tennis mit ihm spielen und das hasse er.

Am wichtigsten sei es, erklärte er mir, im Leben die Nudel immer schön kerzengerade zu halten. So käme man durchs ganze Land! Aber es sei halt schwierig! Wenn er in der B.Z. annonciere, würde man seine Anzeige zwar schon unter der Rubrik "Kontakte" veröffentlichen, aber es würden sich dann immer die komischsten Leute bei ihm dann melden.

"Die wollen alle nur meinen ganzen Körper und nicht allein meine Nudel!", beschwerte er sich. Die besten Erfahrungen habe er hingegen gemacht, wenn er an FKK-Stränden entlang spaziere. Da sähen die Leute alle gleich aus, würden Nudelsalat essen und es sich ansonsten gut gehen lassen.

Fremden gegenüber seien gerade alleinstehende, ältere Damen mit Nudelsalat sehr aufgeschlossen.

Auch Kinder mochte er sehr, weil Kinder so gern Spaghetti mit Tomatensoße essen.

Und dann, erklärte er mir, sei er auch sehr für den Schutz der pommerschen Gänse, denn er hasse genudelte Gänse. Schade hingegen sei es, dass noch immer niemand Spirituosen auf Nudelbasis herstelle, denn Knoblauch-Bier, - Wein und –Schnaps gebe es doch schließlich auch!

Es war schon Nacht und die Nudeln ... äh... Sterne prangten am Himmel, als er endlich ging. Er war fast aus dem Häuschen, als ich ihm zum Abschied noch erklärte, dass die Lasagne-Platten aus Nudelteig bestünden. Und er erzählte mir, er wolle demnächst Italiener werden und sich seine Nudeln selber schnitzen. Zum Schluss fragte ich ihn noch, warum er mich ausgerechnet mit dem Wort "Calzone" angesprochen habe, worauf er mir erklärte, dass er früher einmal nicht nur rund wie eine Pizza gewesen sei und sie deshalb gesammelt hätte, sondern dass das Pizza-Sammeln auch insgesamt schwieriger sei, weil es so viele Sorten gebe. Bei Nudeln jedoch sei das Angebot relativ überschaubar. Seine Anrede sei aber noch aus seiner Pizza-Zeit!

Ich dankte ihm nochmals inbrünstig, indem ich ihm auch einen Becher Spaghetti-Eis mitgab.

"Calzone Patrone!", sagte er zum Abschied und drückte mir, als speziellen Dank, eine besonders lange Glasnudel in die Hand.

Einige Tage später erzählte mir meine Freundin Tina, sie sei einem Typen begegnet, der ihr seine Nudeln habe zeigen wollen, aber auf solchen Schweinkram ließe sie sich ja bekanntlich nicht ein.

***

Das Bewerbungsgespräch in der S-Bahn

am 11./12.3.09 Danke an Jana S. für ihre konstruktive Kritik

Sie: ... ja, erst hat er ihn nochmals rum gedreht und dann gaaaanz langsam rausgezogen. Und dann ging es bei ihm, wie bei einem Kaninchen, ... na du weißt ja, wie aufwendig Micha immer seinen Frühstücksapfel isst! Aber was ich dir erzählen wollte, Sylvie, ich habe nachher ein Bewerbungsgespräch bei einem Bäcker! Ja! Genau! Ich weiß gar nicht, warum ausgerechnet ich! Über einhundert Leute haben sich da wohl auf diese eine Stelle hin beworben und nur zehn bekommen bei denen überhaupt ein Vorstellungsgespräch! Stell dir vor, ich darf da vielleicht als Törtchen anfangen! ...

Berlinernd: Juten tach! Ick darf mir mal vorstellen, icke bin Hugo von Ihlefeld und wurde als janz kleenet Kind jeborn! Ick hatte immer zwee Mütter, aber eene war denn immer wech! Die, die jeblieben is, hat jesoffen und war immer jesund bis zu ihrn Tode! Da ick mir vorstellen könnte, dass ick mal Herpes haben möchte, komm ick jetzt bei ihn' rum! Ick danke für ihre Uffmerksamkeit und wünsche noch'n schön'n Tach!

Ansage: Nächste Station Ostkreuz! Umsteige-möglichkeit zur S 9, S 3 und S 75 ... Dear Passengers! This is not heavens door!

Sie: Ja, gut was! Na, dann will ich dich mal nicht weiter stören, Sylvie! Tschüss denn! ... Hallo! Hallo Tina! Ja, ich bin es! Stell dir vor, Micha war gestern bei mir! ...

Ansage: Zug nach Oranienburg! Über Westkreuz, Schönefeld, Grünau und Papestraße! Oranienburg zurück bleiben bitte!

Sie: ... ja, erst hat er ihn nochmals rum gedreht und dann gaaaanz langsam rausgezogen. Und dann ging es bei ihm, wie bei einem Kaninchen, ... na du weißt ja, wie aufwendig Micha immer seinen Frühstücksapfel isst! Aber was ich dir erzählen wollte, Tina, ich habe nachher ein Bewerbungsgespräch bei einem Bäcker! Ja! Genau! Ich weiß garnicht, warum ausgerechnet ich! Über fünftausend Leute haben sich da wohl auf diese eine Stelle hin beworben und nur fünf bekommen bei denen überhaupt ein Vorstellungsgespräch! Stell dir vor, ich darf da vielleicht bald als Törtchen anfangen! ...

Berlinern: Guten Tag! Ick komme von'ne Post und verdiene da so wenig! Da meine Frau schwul is, bin ick janz schön jebeutelt mit mein'n Leben! Aus diesen Grund verkoof ick den Straßenmotz! Danke ihnen .... danke ihnen ... danke ihnen!

Ansage: Nächste   Station   Prenzlauer   Allee! Umsteigemöglichkeit zur U 3! Dear Passengers! This is not available! The Staitionscryer are very crazy!

Sie: Ja, gut was! Na, dann will ich dich mal nicht weiter stören, Tina! Tschüss denn! ... Hallo! Hallo Ja, ich bin es!

Ansage: Zug nach Oranienburg, über Westhafen, Brieselang ... was nehmen wir noch ... Ähm … Schöne-berg nach Oranienburg! Oranienburg zurück bleiben!

Sie: ... ja, erst hat er ihn nochmals rum gedreht und dann gaaaanz langsam rausgezogen. Und dann ging es bei ihm, wie bei einem Kaninchen, ... na, es ist schon komisch, wie aufwendig mein Freund Micha immer seinen Frühstücksapfel isst! Ja ... klar bewerbe ich mich jetzt für die Stelle als Törtchen bei Ihnen! Davon rede ich doch die ganze Zeit, dass ich mich bei ihnen als Törtchen bewerbe! Ja, ... ich bin auch gern Nachts eine Torte!

Singend: Sah ein Knaap ein Röslein stehn! Röslein auf der Heide! .... So det reicht, wa! Man will et ja nich übertreiben! ... Danke, danke, danke!

Ansage: Nächste Station Wladiwostock! Umsteigemöglichkeit in den Regionalexpress nach Peking! Dear Passengers! You see the russian Atomic-power-Factory on the right side and the chinese Rockets on the left side! We flash-light you! Please smile, ... Törtchen, smile!

***

Das Ding hier ist entstanden, nachdem ich ein paar Stunden zuvor in der Raumerstr. 6 einen „bunten Abend" mit Live-Musik und vielen, vielen komischen Texten erlebt hatte, zu dem mich meine Zeitung geschickt hatte. Der Abend beeindruckte mich so sehr, daß ich zum einen das Konzept meiner Radiosendung komplett umbaute und dass es mich fort an selbst auf die Bretter von Lesebühnen zog.

Das Cowboy-Gedicht
am 14.2.03

Ein Cowboy kam zu einer Bank
und wollte an den Panzerschrank.
Der Angestellte war dagegen,
der Cowboy ließ ihn sich erheben
und ballerte, direkt von vorn,
mit seinem Colt so über Kimm und Korn,
den Angestellten einfach weg!
Da lag der nun im Straßendreck.

Der Sheriff kam mit seinen Mannen,
der Cowboy ritt erschreckt von dannen.
Er stob hinaus in die Prärie,
mit 'ner Geschwindigkeit wie nie.
Und dann, am Biber-Flusse war's
da wartete Freund Cowboy Lars.
Und er sprang ab von seinem Gaul,
doch der war zwischenzeitlich faul.

Erst als Indianer kamen an,
da waren beide Freunde dran.
So merkt man nun, es lohnt sich nicht,
wenn man in eine Bank einbricht!

***

Das Feuerzeug
am 7./8./9.5.05 - für Angela Kramer bei der ich ein Date
abgesagt habe, um diese Zeilen zu schreiben.

"Gib doch mal bitte das Feuerzeug rüber, ich brauch was
zum spielen! ... Nun hab dich nicht so ... ich brauche nur
was zum spielen für die Hände ... ich rauche doch nicht
mehr!
Was? Das ist dir noch nicht aufgefallen, dass ich nicht mehr
rauche? Ich rauche schon seit achtzehn Wochen nicht mehr!
Und das fällt dir nicht auf?
Entschuldige, aber ist es dir denn aufgefallen, wenn ich
geraucht habe? .... Ach, dir ist immer nur aufgefallen, wenn
ich zu viel geraucht habe?

Ist dir sonst noch was aufgefallen?
Nun sei so nett und gib mir doch das Feuerzeug ... du
machst mich schon ganz nervös!

Ja, ich könnte auch mit was anderem spielen, aber das würde dir als Frau bestimmt nicht gefallen ... und ich denke dabei nicht daran, mit dir zu spielen, was ja irgendwie auch nicht schlecht wäre, ich bin aber auch nicht Michael Jackson, der sich bei jedem Schritt in den Schritt fasst, ... du verstehst, was ich meine. Ja, ein Bleistift täte es ja auch, aber dann fang ich womöglich noch an, dir deine Tischdecke zu bekritzeln und Kugelschreiber schraube ich beim spielen immer auseinander und dann schnippst die Feder von dem weg oder die Miene landet in der hintersten Ecke unter dem Sofa.

Nun gib mir doch einfach mal das Feuerzeug! Es tut dem Feuerzeug doch keinen Abbruch, wenn ich damit spiele, ich tu ihm doch nichts und DU willst doch jetzt sowieso nicht rauchen!

Als ich noch geraucht habe, habe ich in den letzten Jahren vor allem damit Geld beim rauchen gespart, weil ich Tabak geraucht habe und Tabak billiger ist. Aber auch das Drehen ... schon dadurch hab ich weniger geraucht. Man kann ja nicht in jeder Situation drehen ... beim Sturm zum Beispiel oder bei Gewitter ... im Auto an der Ampel, da ging das schon ... die Fluppen sahen dann zwar meist wie Tüten aus, aber Hauptsache es qualmte und ICH wusste, dass ich da Zigarette und nicht Tüte qualmte.

Wenn ich jetzt dein Feuerzeug zum spielen in den Händen hätte, würde mich das wenigstens ein bisschen an das Zigarettendrehen erinnern und ich wäre jetzt ruhiger!
Nun hab dich nicht so zickig! Du weißt doch, ich liebe nur dich ... und deine Grübchen in den Wangen, wenn du lächelst!
Aber es wundert mich schon, dass es DIR nicht aufgefallen ist, dass ich schon so lange nicht mehr rauche. Ich meine,

wir sehen uns doch regelmäßig ... und da ist dir das nicht aufgefallen? ... Es gibt keine Zigarette danach in der Küche, mein Atem ist sauberer, meine Klamotten stinken nicht mehr so ... und das ist dir nicht aufgefallen? ... Achtest du überhaupt auf mich? ... Ich glaub, du hast mich noch NIE so richtig beachtet ... mich nicht, meine Bedürfnisse nicht .... ja ... sonst hättest du öfter Sex mit mir und würdest mir nicht im Auto, selbst bei heiklen Situationen, ständig ein Ohr abkauen mit deinen, schon hundertmal erzählten Geschichten aus deinem Berufsalltag und von deinem Kollegen Dietmar!

Wer ist Dietmar überhaupt? Ich hab ihn noch nie gesehen, aber ständig erzählst du mir was von dem. Willst du mich etwa eifersüchtig machen? Das schaffst du doch sowieso nicht bei mir.

Na ... Was hat DER nun, was ich nicht habe? Na?

Ich beruhige mich ja sofort wieder! ... Na, was ist? ... Ich weiß doch, dass du ständig über ihn lästerst, aber irgendwas muss er doch an sich haben, sonst würdest du nicht über ihn lästern. Was sich neckt, das liebt sich, so heißt es doch!

Verdammt, ich lieb dich doch, aber EINE ehrliche Antwort könntest du mir doch MAL geben!

Ich bin nicht wütend auf dich! Wie kommst du darauf? War ich bisher jemals wirklich wütend auf dich! ... Nein, du weißt nicht, wie wütend ich seien kann, wenn ich mal richtig wütend bin!

Ach, plötzlich fängst du an zu schmusen! Das kann ich aber auch! Und wahrscheinlich besser, als du!

Mh ... deine zarten Lippen ... wenn du so weiter machst, fang ich an zu schnurren .... Mh ... Liebling ... komm ... unter der Bettdecke ist es bestimmt noch warm ... !

Nein, ... ich brauch dein Feuerzeug nicht mehr. Nein ... steck das Feuerzeug wieder weg."

Das Gedicht für Stine, von Rolf für ihren 50. Geburtstag, verbunden mit netten Wünschen, froher Hoffnung und gutem Geist! Oder, wie Andy Warhol so schön meinte: jeder sei einmal nur fünfzehn Minuten berühmt!
am 2./3./4.3.06

Komm und hau mir in die Fresse,
noch einmal und noch eins rein.
Und dann gehn' wir an die Presse,
Springer wird begeistert sein.

Deine Jugendliebe hauen
Wir ganz schnell mal in den Sack
Und am Kollwitzplatz beklauen
Wir die Leute in ihr'm Frack.

Hier im "Jenseits" kloppste Sprüche
Für een Jast und ohne Jeld
Und steht Manne in der Küche
Stine mit der Bimmel schellt.

Komm und sei ein bisschen netter
Wenn der Frühling langsam siegt
Und sogar bei schönem Wetter
Manch Gedicht sehr lau entflieht.

Los, bestell noch einen weißen
Wein und lese jetzt,
denn sogar an guten Tagen,
klingst du mächtig abgehetzt.

Komm, noch eins auf diese Tage,
neckisch fein, mit Horrido
und dann ist es keine Frage:
Nur mit Stine sind wir froh!

Das Gerücht
am 29.5.06

An irgendeinem Imbiss oder am Tisch in einer Bäckerei stehen wie jeden Tag um die Mittagszeit herum, mehrere Herren mit ihren Bräuten bei einem Bier, einem Milchkaffee, einigen Humpen Wermut und irgendwer kippt laufend Mehrfruchttischwein in den Pappbechern nach. Fleißig dreht man Zigaretten oder schnorrt sich eine und so ganz nebenbei tauscht man sich lautstark über die neuesten Ereignisse im Prenzlauer Berg aus. Da ist man schneller, als jede Zeitung ... auch mit den Vorurteilen!

„Ey Alter, haste schon jesehn? Jetz buddeln die schon wieder an die Kanalrohre rum!" „Hatten se die nich erst letztet Jahr uff?"
„Wie? Welche meinst'n?"
„Na, da an die Bötzowstrasse!"
„Wieso?"
„Die Bötzow wird doch nun zur 30er Zone!"
„So'n Quatsch! Isse doch schon längst!"
„Ja, bleibt aber nich mehr Hauptstraße, sondern die wird in det Tempo-30-Konzept da im janzen Kiez einjemeindet."
„Und deshalb müssen die da nun allet uffbuddeln?"
„Ja klar, soll ja ooch sicherer werden, trotz später dann rechts vor links."
„Mensch und ick dachte, die wollen nur an die Wasserrohre ran!"
„Na logo! Det machen se doch gleich mit, so wie et aussieht."

„Man, irjentwer hat erzählt, det se die janzen Gullydeckel zulöten!"
„Ja, wejens die Merkel, wa?"
„Jenau!"

61

„Wat will man bei die Merkel verlöten?"

„Na ick hab sagen hören, die Merkeln jeht im Friedrichshain immer Joggen."

„Wieso? Kann se det nich im Kanzlerjarten?"

„Nee, die rennt im Friedrichshain immer zum Inder, lässt sich von dem die Hammelbeene langziehen und joggt dann zurück zu ihrn Dienstwagen."

„Im Friedrichshain jibs'n indischet Restaurant?"

„Ja, hab ick jehört!"

„Dann ist wohl det, wat ick jehört habe falsch. Und zwar jeht ihre Tochter uff die Schule in der Bötzowstrasse Ecke John-Scheer-Straße."

„Nee, nee, nee, ihr Sohn jeht da hin."

„Mönsch ick wusste ja jarnich, det die Olle zwee Jören hat!"

„Ja und darum verlöten die jetzt ooch uff der Greifswalder Straße alle Gullydeckel!" „Wat hat'n det mit die Merkel ihre vier Gören zu tun?"

„Det weeßte nich? Det weeßte nich? Mönsch, du bist ja noch blöder, als die olle Merkel!"

„Möönsch, det Milchhäuschen am Weißen See det is die ihr Stammlokal mit ihre Jören zusammen!"

„Ach deshalb!"

„Nee, ihr seid ja alle blöde! In echt! Zur Fußball-WM vereinigen sich die Beatles wieder! Und damit die unbemerkt in ihrem gelben Unterseeboot von London nach Berlin reisen können, deshalb werden alle Gullydeckel zujelötet!"

***

Den hier hab ich auf der Bühne relativ oft gemacht. Das ist dem entsprechend die verschliffene Bühnenfassung.

Das Gespräch
Rolf Gänsrich am 19./20.4.07

„Juten Tach! Mir schickt det Amt. Ick komm also von Amtswegen sozusagen. Ick wär ja liebers bei de Post, da könnt ick öfters komm – hö-ho – sie verstehen, wat ick meine! – Hö-hö!

... Man, haben sie aba'ne feuchte Flosse! Fisch wa? ... Mesta, wozu jibs Haare? Sehn se, eenmal durch und die Haare liegen und die Flossen sind ooch sauber und drocken, wa? – Hö-hö!

Schön ham se det hier, ja! Kuscheliges Sofa ... na, da brauch wohl die Kleene süße vorne in ihrn Büro ja keen Steno zu könn brauchen, wa! – Hö-hö!

Mönsch sagen se mal, ham sie die Primeln hier uff'n Tisch selba jeschossen oder is det'n Souvenir von ihre Olle, damit se jetz schon mal sehn könn, wat ihn heut Abend um die Ohren fliegt! Hö-hö!

Na, wat is denn det da? Wat sehn denn da meine entzündeten Augen hier uff ihr'n Schreibtisch? Ick dreh ma det Bild um, ja? ... Ihre einzige Tochter? Ach, det is ihre Olle! Nettet Jefährt! ... Wat hat die denn da inne Fresse! ... Ach Zähne! ... Ach, det sind Zähne, ... ja-ja!

Ob ick wat trinken tue? Ick dachte schon, sie fragen mir gar nicht mehr! Also früher, ja, früher, bevor ick diese Leberzirrhose hatte, mehr ja. Da haben mir ooch noch nich so die Hände jezittert'n janzen Tach lang, ja, ... und ick habe nich so ville verschüttet dabei, ja. Also det is schon weniger geworden. Aber wenn sie mir so fragen, darf ick mal so ihre Ische da vorne ... ja? Frollein! Frollein! Ick nehm'n kleen Kümmel und'n Wodka zu ja! ... Ick hab noch nischt in'n Magen, wissen se!

Danke, wa! Na denn lassen se uns mal'n kleenen über den Wurzelschnurz gießen, ja – hö-hö! Wohl sein, ja, wohl sein!

Sagen sie, wat machen sie hier in die Bude eijentlich? Drehen sie hier nur Däumchen oder machen sie hier ooch noch wat richtiges? Ach sie machen hier Pflaumenmus! Wer braucht denn sowat? Wird sowat überhaupt jekooft? ... Ja, ehrlich? Wird jekooft! Hätte ick ja nich jedacht. Ick meine Slibowitz ja. Sowat jeht doch runter wie Öl wa, aber Pflaumenmus?

Da ackern sie hier mit'n Atomkraftwerk zusammen, wegen die Kernspaltung, wa? – Hö-ho!

Wat? Wat meen sie? Ob ick kontaktfreudig bin? Na klar! Und wie! Wollen se etwa'n kleen Skat kloppen mit mir? Ja? Warten se ma. Ick kann gleich mein'n alten Saufkumpel Udo anbimmeln. Wenn er nicht gerade kotzt, säuft er, wissen se.

Und Kinder! Jörn mag ick sehr! Hö-hö! Kinder mag ick am liebsten jut durchjebraten, so von wegen det janze Fett und so.

Wat meine Olle so den janzen Tach macht? Weeß ick doch nich! Wir quatschen so selten vor'n Fernseher. Na wissen se, wir sind ja ooch ständig pleite. Ick versuche zwar schon drei, viermal die Woche, mein Jeld beim Flippern, so an Spielautomaten uffzubessern, aber det klappt nicht immer, ja, ... muss ick ja sagen.

Ick, bei Ihn arbeiten! Klar doch! Det Amt hat sicherlich nischt dajejen! – Hö-hö!

So, Meesta, ick jeh jetzt ma, wenn sie mir keen weiteret Schnäppaken mehr anbieten wollen.

War nett, mit ihn zu plauschen, wa. Hö-hö!

Wenn sie mir anstellen wollen, rufen se mir an. Aber nich vor um zwölfe und nich nach zwei, weil ick nachmittachs immer Telefonsex mit meine Ollsche mache, wa. Hö-hö!

Also Tschöhschen, wa!"

Die Liebesdirne
am 26.9.2017

Das Liebesglück ist eine Dirne
Es lächelt zart dich an
Es kühlt dir deine Stirne
und flüstert, was es alles kann.

Das Glück verführt nach Strich und Faden
süß säuselts dir ins Ohr
du sollst's für immer haben!
Es macht aus dir 'nen Thor.

Das Liebchen schwindet wie ein Hauch
es wird dich kurz beglücken.
Das Glück entschwindet leider auch,
du wirst es nicht bestricken.

***

das Oster-Sol-Ei
am 2./3.4.09

Ein Osterei
Das war so frei
Und sagt' zum Osterhasen:
„Es ist ja schön, dass ich jetzt bunt,
doch bitte hör jetzt auf zu blasen!"

Der Osterhase war ein Depp
Und konnte es nicht lassen
Mit seinen Pfoten hier und dort,
Das Osterei anzufassen.

Das Osterei schon beinah hohl
Und völlig ausgeblasen
War wütend und ein Stücke gram
Auf diesen doofen Hasen.

Das gute Ei, es wurde sauer
Und sprang in eine Pfütze
Mit Essigsäure fast schon pur
Und etwas roter Grütze

So kam das Sol-Ei in das Nest,
der Has' hat's dort vergessen
auf dass zu Ostern wir dies Jahr
nur Sol-Eier noch essen!

***

Das Zippel-Gedicht
am 21./22.11.06

Ich möcht' an deinen Achseln
schnackseln
Über deine Brüste krackseln,
möcht' an deinen Fesseln
hecheln
Und an deinen Nippeln
zippeln

Ich möcht' an deinen Waden
nagen
Mich an deinen Küssen laben
 meinen Mund in dich vergraben

Ich möcht' an deinen Lippen lecken
Sie ganz mit meiner Haut bedecken
Und dein zartes Becken
Mit verrückten Spielchen necken!

Keinen Hamster für die Bienen!
am 30.5.2008

Wie das Leben so spielt, dachte ich mir doch eines Tages, dass es für meine dicken, fetten, schlachtreifen Welse in meinem Aquarium sicher ganz nett wäre, ihnen etwas mehr „Auslauf" zu gönnen. Vielleicht so fünfzig Liter mehr! Um nicht auf ein neues Hochwasser an Oder oder Elbe warten zu müssen, erwog ich deshalb den Kauf eines größeren Aquariums, doppelter Inhalt, aber nur, in meinen Augen, unwesentlich höher, breiter, länger als der bisherige Glaskasten, der meine Schrankwand zierte.

Gesagt, getan, eines schönen Tages schnappte ich mir Tinas Auto und Udo als Träger und düste in die Zooabteilung des nächsten Baumarktes, wo ich ein 100-Liter fassendes Aquarium erwarb. Natürlich kaufte ich auch gleich noch einige Fische, die sich zusätzlich zum bisherigen Besatz, mit darin tummeln konnten. Mir wird wohl für immer ein Rätsel bleiben, weshalb Zahnbarsche meist zahnlos sind und ob sie jemals zum Zahnarzt müssen.
Auch das umsetzen des bisherigen Wasserbiotops in das neue Gefängnis war recht schnell erledigt, und es gab dabei nirgends Tote, ... auf keiner Seite!

Doch nun begann meine Grübelei erst recht, denn fortan verstaubte das alte Aquarium und fiel mir jedes mal ins Auge, wenn ich die Kammer betrat, was mehrmals täglich geschieht, lagern doch darin all meine Rumtopfreserven, Klamotten, Fressalien und meine Reinigungsmittel für den Hausgebrauch. Deshalb überlegte ich, ob es nicht sinnvoll wäre, mir ein weiteres, neues Haustier zuzulegen.
Sofort dachte ich an einen Goldhamster. Dabei stellte sich nur ein Problem: Hamster haben einen ausgesprochen großen Bewegungsdrang. Er braucht also ein laut

67

quietschendes Laufrad, mit dem er mich Nächte lang nerven würde. Hamster entfiel also.

Von Mäusen wusste ich, dass sie zwar stinken, aber ansonsten recht pflegeleicht und äußerst leicht zu vermehren sind. Da jedoch Elefanten meine eigentlichen Lieblingstiere sind, wollte ich mit dem Kauf von weißen Mäusen nicht eine mögliche Elefantenzucht in meinem Wohnzimmer in Frage stellen.

In der WiPa, einer Bildungseinrichtung, die mir im Laufe der Jahre durchaus ans Herz gewachsen ist, hörte ich eines Tages, bei der Vorführung unserer Teilnehmer-Powerpoint-Präsentationen, etwas über die Haltung von Bartagamen. Bartagamen, eine Echsenart aus dem australischen Out-Back, braucht kaum Wasser, wird handzahm, braucht wenig Futter und kaum Pflege. Also genau das richtige, für so einen faulen Sack, wie mich. So beschäftigte ich mich Monatelang mit dem Plan, mir eine niedliche Saurier-Farm zuzulegen.

Vor meinem inneren Auge kämpften schon Mini-Stegos gegen Kleinst-Zyrabtoren und Winzig-Thrannodons!

Ich erhielt sogar Geld von engen Freunden für mein künftiges Zuchtprogramm bedrohter Saurierarten.

Doch es half alles nichts, nach eingehender Studie von Fachliteratur kam ich zu dem Ergebnis, dass mein altes Aquarium, Maße 30 x 30 x 60 cm, nicht ausreichte für zwei Tiere mit einer Länge von mindestens 65 cm. Am günstigsten, also am besten, für die Artgerechte Haltung eines einzigen Paares Bartagamen, wäre die Ostseeküste zwischen Binz und Sassnitz oder die Vereinnahmung des Klietzer Übungsplatzes der Bundeswehr mit seinen ausgedehnten Sandwüsten. Notfalls genügte aber auch ein kleines, Platz sparendes Terrarium im Wohnzimmer mit den Mindestmaßen: 1,20 x 1,80, x 3,00 m.

Ich folgerte daraus: kleine Bartagamen sind für meine

Wohnung viel zu groß.

Was wird nun aber aus dem alten Aquarium?

Der Glaskasten störte mich, so leer und staubig, noch immer. Also würde ich wohl die Tiere dem Kasten anpassen müssen und nicht umgekehrt.

Was gibt es denn da so für kleine Tiere? Tiere, noch kleiner, als Mäuse! Vielleicht Amphibien? Frösche? Mit dem südamerikanischen Pfeilgiftfrosch würde ich vielleicht meinen Vermieter vom nächsten Versuch abschrecken, meine Wohnung ohne meine ausdrückliche Bitte zu betreten, aber wie sorgt man selber bei so einem Tierchen für Hygiene?

Also noch kleiner. Wie wäre es mit Insekten? Vielleicht die eigene Biene?

Honig selbst gelegt, von meinen glücklichen Bienchen! Aber Bienen sind wie Kakteen, sie stacheln.

Oder eigene Heuschrecken, die den Ficus auf Nachbars Balkon kahl fressen. Sollen leicht nussig schmecken, erklärte mir Tina jüngst. Aber, ach nee, nachher zirpen die die ganze Nacht und Tina kommt nie wieder!

Da aber hatte ich es. Die Lösung! Mein Volk, mein Staat, meine ... Ameisen!

Was gibt's denn da so? Rote, grüne, gelbe .... ist ja wie in einem Gemüseladen. Große Völker, kleine Völker, Völker, die sich langsam ausbreiten, Völker, die sich eigene Sklaven halten ... au ja .... das wäre es.

Ich kaufe mir ein Ameisenvolk, das Hamster versklavt und ihnen das Bohnern beibringt.

Es gibt wirklich alles im Internet zu kaufen. Die lästige Jagt nach Wildfängen entfällt. Man kauft ein Formicarium mit einem Volk und bietet den Ameisen „freien Auslauf" in einer sogenannten „Arena", einem, und da habe ich es endlich, dafür zweckentfremdeten Aquarium. Wenn man den Ausbruchsschutz nicht vergisst, also den oberen Rand des Beckens mit Paraffinöl einkleistern, hält so ein Becken Jahrelang.

Also, ich habe mich entschieden!

Meine Queeny mit einem kleinen Volk kommt nächste Woche.

Wird dann nur schwer, was ich künftig auf die Frage antworten soll, wie viele Haustiere ich habe! Wer zählt denn da durch? Das variiert doch täglich. „... Na, vorhin waren es noch 22.837 ....!"

**

Deluxe
am 5./16./19.10.05

Was ist das?

Ein Kribbeln im Bauch? Ein nervöses Auf und Ab? Gefühlswallungen?

Mensch, ich bin doch viel zu alt für diesen Quatsch!

Lasst mich doch in Ruhe, verdammt noch mal!

Ich kann das nicht mehr brauchen! ... Außerdem, wozu ist das gut? Das bringt mir doch nur Ärger ein ... schon immer .... schon seit Jahren!

Letztens hab ich das schon gemerkt! Da sprach ich die ganze Zeit lang eine Oktave höher!

Ist das noch männlich?

Man hofft ja immer, dass das nie mehr passiert! Und kaum glaubt man, dass es nie mehr passieren wird, ausgerechnet dann passiert es!

So'n Mist!

Und dann, dann beginnt man, sich zum Affen zu machen! Man beginnt mit dem Gedanken zu spielen, Blumen zu schenken. Man lacht über jeden hirnrissigen Unsinn. Alle anderen Frauen sind plötzlich total uninteressant, man sieht sich Fernsehserien an, die man bisher nicht mal verächtlich beim Namen nannte. Die Kumpels sieht man kaum noch und das vorher so lebenswichtige Hobby, in das man so viel Zeit, Geld und Energie investierte, macht man nur noch mit einem Bruchteil des bisherigen Aufwandes. Und man beginnt, wieder die eigenen Kochkünste zu trainieren und sich selbst zu trainieren und morgens das Bett zu machen, denn man kann ja nie wissen ... .

Plötzlich ist man ganz wild auf Augenkontakt ... und auf Körperkontakt ... so mal „zufällig" die Hand oder den Arm streifen! Und man erklärt plötzlich fachliche Dinge, die man selbst noch nie verstanden hat! Und Kinderlieb war man sowieso schon immer ... schon als Kind!

„Spätpupertierendes Brunftverhalten des männlichen Homo Sapiens Sapiens" könnte man das nennen
... und eine einzige Katastrophe!

So war das nicht geplant!
So plane ich das nie!
So passiert er mir aber immer und immer wieder!
... Und es ist doch so schön, wenn es passiert!

„Liebe" ist die Antwort!
Ist das jetzt Liebe?

Liebe ist eine chemische Reaktion. Im eigenen Körper werden Morphide, Dopamine, Glückshormone, freigesetzt. Man wird dadurch unempfindlicher für Schmerz und Krankheit. ... Und man „tickt" nicht mehr richtig!

Ich mag Liebe nicht! Sie klebt!
Sie klebt mich an dich oder du klebst an mir und wir engen

uns ein und wenn es vorbei ist, können wir uns nicht mehr richtig leiden, dabei liebe ich dich doch trotzdem noch weiter und weiter und weiter und ewig und ewig und ewig ....

Aber das würde ich dir ja vorher nicht sagen! Dann würdest du vielleicht aus meinem Leben verschwinden, noch bevor du mich richtig kennengelernt hast, bevor du weißt, wie gut ich koche, was ich für ein toller Kerl und das du mich auch liebhaben kannst!
Deshalb kann ich nicht zugeben, wie mein Herz bei deinem Anblick hopst, wie nervös ich nur in deiner Gegenwart bin, wie sehr und wie schön ich schon seit Wochen Nachts von dir träume, dass du die schönste, netteste, liebste bist, die ich je kennengelernt habe!, wie mir jedes mal in deiner Nähe fast die Kinnlade herunter klappt ... .
Das gäbe ich niemals mehr zu ... auch nicht dir gegenüber!

Aber, verdammt, ich liebe dich!

***

Der Frühling kommt mit Macht
am 28.3.2010 um 12.30 Uhr

Die Sonne kommt hervor
Sie scheint und strahlt und lächelt
Sie kitzelt hinterm Ohr!
Ein laues Lüftlein fächelt.

Ne Hummel brummelt leise
Über'm Gartenzaun
Ein Spatz tschilpt eine Weise
Beginnt ein Nest zu baun.

Krokusse verblühen
Das Maienglöckchen sprießt
Die Herzen voll erglühen,
weil Amor Pfeile schießt!

Der Frühling ist gekommen
Er kommt mit aller Macht
Erinner mich verschwommen
an seine letzte Pracht.

Verschlungen liegen beide
Liebend wir im Gras
Auf einer einsam' Heide,
die glühend Körper nass.

Die Sonne kommt hervor
Ein laues Lüftlein fächelt.
Die Vöglein sing'n im Chor.
Mein Liebchen strahlt und lächelt!

***

Hab mir den folgenden Text an meinem ersten Tag in meiner Fortbildung in der WIPA spontan ausgedacht, da mir das blanke Abschreiben von vorgegebenen Texten einfach viel zu langweilig war.

Der Hamster und die weiße Maus ...
Schriftarten-Test-Text am 30.11.06 und danach immer wieder mal modifiziert

Rotkäppchen ging es nicht gut, deshalb sattelte es sich ihren Gaul Hugo und ritt zum Prenzlauer Berg.
Da kam ein Hamster und biss dem Pferde in den Schwanz und machte dann, dass er ganz schnell die Kurve bekam,

bevor der olle Gaul zurück trat, was ja bekanntlich Politiker häufiger mal machen sollte. Warum auch nicht? Die Drogenbeauftragte ist schließlich auch nicht alle Tage high.

Eines Tages fragte die Kanzlerin, wie man denn nun ein Pferd tritt. Doch der olle Gaul, Doris hieß sie vermutlich, konnte nur wiehern vor Lachen. Ihr Alter der eines schönen Tages selbst einst Kanzler war und anderen in die Wade biss, wie ein echter Schießhund, hatte all dies selbst schon einmal erleben dürfen, weshalb ihm so gar nicht wohl war, bei dem Gedanken, eines Tages Hamster beißen zu müssen. Dass Hamster bohnerten, dies kam schon häufiger einmal vor, aber dass Hamster einfach so, mir nichts dir nichts einem Gaul und hieße er auch nur Doris, so in den Arsch bissen, dass hätte er sich denn doch nicht vorstellen mögen.

Da jedoch erschien eines schönen Tages der gute Nikolaus und drohte: „Wenn ihr nicht sofort, ich wiederhole, sofort, eure Geschenk holt, gibt's für die Rentiers künftig keine echte Rente mehr!" dabei spuckte er kräftig aus, während Micha greinend zuschaute. Nie wieder, dachte er, wolle er sich mit solch einer Dirne wie Rotkäppchen einlassen, die so mir nichts, dir nichts einfach Hamster an Pferdeärchen parkt, auf dass die Nagetiere die selbigen wohin bissen.

Doch da war er nicht allein. Eine ganze Schwadron Hornissen, auch „Pferdebienen" genannt, umschwirrten bereits seinen Kopf sowie die Mähnen der Pferde. Ein „Haps" und schon konnte man auch ungeschenkten Gäulen ins Maul schauen. Deshalb heißt es ja auch, dass man dem Volke aufs Maul, einem Gaul jedoch dort hinein schauen sollte, wenn man wissen will, wie gut, schlecht oder auch einfach wundervoll es der Umgebung gehe. Selbst Hamster waren dazu in der Lage.

Rotkäppchen hatte dies dereinst selbst getan, als sie dem bösen Wolf in den Rachen schaute. Geige blasen zu können, war ein anderes Hobby von ihr, schließlich hatte sie früher auch nicht ein rotes Käppchen sondern eher rote Wängelein. Aber im Laufe der Jahrhunderte, so von Überlieferung zu Überlieferung, änderte sich dawohl der Text der Geschichte, so dass Rotkäppchen dereinst wohl rote Socken, rotes Bäuchlein, rote Händchen und schließlich ein rotes Käppchen gehabt haben mag.

Auch die Farbe schien sich im Verlauf der Jahrhunderte gewandelt haben ... blaue Lippen, grüne Haare, schwarze Finger und der Gleichen. Einzig die Farbe von Hamstern, weißen Schimmeln und Hornissen, auch Pferdebienen genannt, hatte sich, genauso wie die wutschnaubenden Augen eines, vom Hamster gebissenen Gaules, wohl kaum verändert. Und so beißen halt noch heute Hamster in Pferdeärsche, Gäule in Hornissen, Omas ins Gras und ich gelegentlich in die Fernbedienung des Fernsehers, weil Rotkäppchen nicht zu mir kommt. Fazit: nicht alles, was grün ist, kegelt auch und nicht alle Kanzlerinnen sind blau!

***

Der Kelch des Glücks – Ein Märchen - Lese-Version
am 23. – 26. März 2004, 22.September 2005 - Ausnahme:
Gedicht „Jasminchen" am 21. Januar 2001

Es war einmal...vor langer, langer Zeit, vor vielen Dezenien, in einem fernen Land, auf einem längst untergegangenen Kontinent.

Damals lebten dort viele Prinzen und Prinzessinnen. Viele hatten dort ihr eigenes Reich, viele hatten dort ihr Glück gefunden, jedoch einige bislang nicht.

Trotzdem diese Pech behafteten Prinzen viele Aufgaben gelöst hatten, wie sie nur echten Rittern und Edelleuten zustanden, waren sie arm und das Glück hatte seinen Weg noch nicht zu ihnen gefunden. Einigen Prinzessinnen erging es ebenso. Holde Edelfrauen, ... schön und fein, aber das wahre Glück suchten auch sie noch.

Eines schönen Tages trug es sich zu, dass gar zwölf von ihnen, von einer nahen Burg hörten. Die Herrscherin der Burg, eine Königin, bot, mitsamt ihrem Hofstaat, diesen zwölf Prinzen und Prinzessinnen an, bei ihr einige Prüfungen zu bestehen und dabei, vielleicht den „Kelch des Glückes" zu finden.
Da die Königin schon so einigen Menschen so zu ihrem Glücke verholfen hatte, wie man sagen ließ, nahmen die Prinzessinnen und Prinzen dieses Angebot nur zu gerne an und eilten auf die Burg, um ihr Pech zu verlieren.

Zwölf Wochen lang mussten sie Aufgaben erledigen, wurden geprüft und ließen sie sich auf immer neue Wagnisse ein.
Leider schon nach wenigen Tagen gab ein Ritter auf. Auch ein immer streitbarer Ritter hielt nicht lange durch. Ein edles Fräulein versuchte es sehr lang, aber auch sie wurde eines Tages von der Schwindsucht ergriffen und von all ihren Kräften verlassen.

Manchmal war es aber auch zu schwer! Die Bediensteten der freundlichen Königin hatten immer wieder andere Aufgaben für die verbliebenen neun Edelleute.
Mal war es der 13-köpfige Drache der Rechtschreibung, mal die 9-schwänzige Schlange der Mathematik, ein ander mal der viel-züngige Microsoft-Computer und wieder ein anderes mal war es das bärentatzige Excel-Programm.

Jeder unserer neun Helden hatte seine eigene Taktik, ihm zugetragene Aufgaben zu lösen. Und ein jeder kämpfte auch gegen seine, ganz eigenen, Dämonen.

Eine Edelfrau half ständig und gern den anderen, kam manchmal aber selbst etwas zu kurz.

Die kleine die Anständige Prinzessin hatte jeden Morgen gegen die Dämonen der Nacht und des Schlafes anzukämpfen.

Zwei der Ritter, durchaus fleißig in ihrer Arbeit, stritten sich zu oft mit den Göttern der Nacht oder den Dämonen der Diabetes.

Eine Prinzessin gar, war auf dem besten Wege, zu den Indianern über zu laufen, denn sie gab von den nahen Wiesen nur zu gerne Rauchzeichen.

Jasmin die Wohlgeformte, tat gleich auf zwei Burgen ihren Dienst. Auf beiden kämpfte sie gegen die bösen Geister, so dass man Angst bekam, sie würde letztendlich gar selbst zu einem derselben.

Ein Schönes Fräulein hingegen konnte sich vor glühenden Verehrern überhaupt nicht retten und so testete sie nun ihrerseits all die schönen Jünglinge, und verstieß leider auch gar viele in die Wüste.

Die Prinzessin Die Gutherzige versorgte noch, so ganz nebenbei, ihren eigenen Nachwuchs. Das war sehr Kraft raubend für sie.

Ritter Rolf hatte letztendlich damit zu tun, dass er immer schnellstmöglich fertig sein wollte, oftmals mehrere Dinge gleichzeitig tat und sich somit häufig vertat. Den dreizehn-köpfigen Drachen schnitt er die Schwänze ab, den neunschwänzigen Schlangen durchschnitt er die Kehle, den vielzüngigen Microsoft-Computer schlug er aus dem Fell und dem bärentatzigen Excel-Programm riss er die Zunge aus dem Leib und wollte sie braten!

Der Hofstaat der Königin tat gleichfalls sein Bestes, um unseren verbliebenen neun Edelleuten all ihr Wissen beizubringen!

Der erleuchtete Weise sprach von der Draht gebundenen Nachrichten-Übermittlung, die durchlauchte Dame verzauberte mit Konzentration, die Lady des Hofes brachte ihnen Teamwork bei, der Sir der Burg zeigte geduldig den Umgang mit schwerfälligen PC-Programmen und die angestellte Edelfrau war nicht nur für alle Fragen des Staats-Wesens offen.

Auch manch Alchimist, Weltgewandt und fern gereist, fand seinen Weg zur Burg und hielt wissensreiche Vorträge.

In Fragen der korrekten Sprache und höheren Mathematik unterwies jedoch die Königin oftmals höchst selbst.

Wie sie so alle, Stunde um Stunde, Tag für Tag, Woche um Woche auf der Burg ihren Dienst taten und immer aufs Neue erprobt wurden, merkten sie als bald, dass ihre Fähigkeiten ständig zunahmen. Der Drachen der neuen deutschen Rechtschreibung verlor all seine Köpfe und entfloh, die Schlange der Mathematik entpuppte sich als Blindschleiche, der viel-züngige Microsoft-PC redete plötzlich in ihrer Sprache und das bärentatzige Excel-Programm schmuste wie eine Hauskatze mit ihnen.

Da wurden unsere neun Edelleute froh und auch die Königin freute sich mit ihnen.

Je mehr die Zeit voranschritt um so öfter fragten sie jedoch: „Liebe Königin, wo steht denn nun der ‚Kelch des Glückes‘?" Dann schmunzelte die Königin nur in sich hinein gab aber nie eine Antwort.

Stärker wurden die Edelleute, die neun Prinzen und Prinzessinnen, klüger und geschwinder. Und die Königin schmunzelte in sich hinein.

„Liebe Königin, was ist denn nun der ‚Kelch des Glückes‘? Sag es uns! Bitte!"

Zwölf Wochen waren vergangen und der Abschied von der Burg nahte. Der garstige Winter mit seinen frostigen Tagen war vorbei und der Frühling lockte mit singenden Vöglein, duftenden Blumen und saftigem, frischem Grün.

Da sprach die Königin eines Tages zu ihnen: „Edelleute! Ihr habt eure Prüfungen bestanden! Gehet wieder hinaus in die ferne Welt!"

Doch die Edelleute schauten gar traurig und fragten zum letzten Mal: „Liebe Königin, wo finden wir denn nun den ‚Kelch des Glückes'?"

Da zwinkerte ihnen die Königen zu und sagte: „Den ‚Kelch des Glückes' muss jeder für sich allein finden. Auf unserer Burg konnten wir euch nur das Handwerkszeug dazu mitbringen. Ihr müsst euch eure Neugier bewahren! Das Glück tragt ihr in euren Herzen, tragt ihr in eurem neu entdeckten oder wieder gewonnenen Wissen. Ihr müsst es in euch nur finden."

Die Edelleute sahen sich an, dann jubelten sie und stieben wieder hinaus in die Welt, um dort draußen, bei sich selbst, den „Kelch des Glückes" zu finden.

Bald hörten sie nur noch von fern, wie im Wald Gevatter Isegrim einsam sein Lied heulte:

Jasminchen, Jasminchen,
du bist ein süßes Bienchen.
Ich möchte eine Blume sein
und du kriechst in mein Herz hinein.
Jasmin, Jasmin,
ich lieb dich in Berlin

Und wenn sie nicht gestorben sind, dann leben sie noch heute!

Der kranke Mann
am 2./3.3.07

Wenn Männer krank sind, sind sie krank.

Es beginnt meist mit leichtem Unwohlsein in der linken, oberen Magenhöhle, die, die so Richtung Herz geht. Gerade was das Herz betrifft, könnte es ja irgendwie mal gefährlich werden. Es heißt oft, Männer hätten kein Herz. Sie haben eines und sind sich dessen bewusst und sie ahnen auch, dass es gefährlich werden könnte, wenn erst einmal die Herzkranzgefäße betroffen sind. Da ist es dann doch vollkommen logisch, dass ein Unwohlsein in der linken, oberen Magenhöhle, die, die Richtung Herz geht, einschneidende Wirkung auf den gesamten Organismus haben muss. Daraus folgt der logische Umkehrschluss, dass Mann bei einem leichten Unwohlsein in der linken, oberen Magenhöhle krank ist.

„Schatz! Weißt du, wo unser Fieberthermometer gerade steckt?"

Dann beginnt es im Hals zu kratzen. Und das liegt dieses mal nicht daran, dass man gestern bei Hertha neunzig Minuten lang plus Verlängerung „Zieht den Bayern die Lederhosen aus!" gegrölt hat. Dieses Kratzen ist tückischer. Plötzlich beginnt man, ganz freiwillig, die Hustenbonbons zu lutschen, die man sonst mit den Zähnen krachend zermalmte. Ein Kratzen im Hals ist immer ein Warnsignal. Der gebildete Mann weiß, dass die eigenen Mandeln die eigentliche und letzte Krankheitsabwehr gegen Viren aller Art sind. Dies bedeutet, dass für das Kratzen im Hals genau die Viren verantwortlich sind, die die Mandelabwehr schon überwunden haben. Im Körper des Mannes geht es nun um Leben und Tod. Nur einige Tausend Abwehrzellen bekämpfen im Hals und noch viel weiter darunter, erbarmungslos viele Millionen feindlicher Viren. „Liebling, weiß du noch, wie diese Halswickel, die meine Mutter immer machte, waren?"

Ein leichtes Summen im Kopf deutet darauf hin, dass die Viren über den inneren Blutkreislauf kommend nun gar den Kopf erreicht haben. Die Viren sind jetzt überall im ganzen Körper verteilt. Lymphozyten, Thrombozyten, Rote und Weiße Blutkörperchen kämpfen den Kampf ihres Lebens! Sie schreien nach Verstärkung und nach Hilfstruppen. Ihre Hilferufe werden schließlich so laut, dass sie das innere Ohr des Mannes erreichen! Voller Panik handelt nun der Mann und plündert die Hausapotheke!
„Schatz, was heißt hier: ich soll nicht gleich fünf Aspirin auf einmal nehmen? Ich bin schließlich ein Mann und vertrage mehr Medikamente, als du!"

Das erste „Hapschie" ist der Anfang vom Ende. Nun sitzen die feindlichen Viren in den Atmungsorganen. Daran könnte man ersticken! Holt sofort den Notarzt, die Feuerwehr und den Rettungshubschrauber!

Jetzt hilft dem Mann nur noch Erholung und die helfende Pflege einer sinnlichen Frau. Der Mann lässt sich also auf der Couch nieder. Er hüllt sich ein in alle, im Haushalt verfügbaren Decken und vergisst auch die Wärmflasche nicht. Auf dem Tisch vor ihm stapeln sich Medikamente und alle Arten von Hals- und Lutschpastillen. Um die Moral der inneren Abwehr zu stärken und um die feindlichen Viren im eigenen Körper zu verwirren ist es nun an der Zeit, einen kräftigen Grog aus zwei drittel Rum, einem drittel Zucker und einem Spritzer Leitungswasser zu sich zu nehmen. Auch einige Gläser Rumtopf machen sich gut, wegen der einst im Obst enthaltenen Vitamine, die sich nun freischwebend im Alkohol gelöst haben und nicht mehr sinnlos und wild, beispielsweise wie in einem Salat, herum hopsen. „Schatz, machst du mir jetzt meinen Haferschleim?"

Der Frau, Freundin oder Partnerin sei nun geraten, sich lächelnd zurück zu ziehen und den Mann in Ruhe auf der Couch vor dem Fernseher mit seinem Weh-Wehchen allein zu lassen.
Kochen Sie eine fette Hühnerbrühe nach Omas Rezept. Kaufen Sie dazu ein Suppenhuhn, kochen sie es ganz. Geben sie nach und nach ein sorgsam geschältes und gewürfeltes Bund Suppengrün dazu. Wenn das Huhn und das Gemüse durchgegart sind, entfernen Sie alle glibberigen Hautteile des Vogels. Zerlegen Sie das Huhn. Entfernen sie auch alle Knorpelstücke und verwenden sie nur das helle, weiße Fleisch. Lassen sie dann alles mehrfach aufkochen und seihen Sie schließlich das ganze durch ein Tuch, so dass nur noch die reine, schmackhafte Brühe übrig bleibt. Diese füllen sie dann in einen Teller und nehmen sie selbst zu sich. Sie werden sehen, dass Sie so etwas Leckeres schon lange nicht mehr gegessen haben! Ihrem Gatten oder was auch immer der Mann in ihrem Haushalt für sie darstellt, servieren sie einen Teller lauwarmen Salzwassers, den sie mit einem Esslöffel Distelöl garnieren. Er wird den Unterschied eh nicht schmecken. Er ist schließlich krank!
Soll er Ihnen am Abend dennoch kurzfristig im Haushalt als Hilfe zur Verfügung stehen, rufen Sie Ihren alten Schulfreund Udo an und laden den Sie zu einem kurzen Krankenbesuch ein.
Augenblicklich wird Ihr Mann wieder gesunden, während die Herren gemeinsam davon berichten, wie er damals, als er beim Militär diente, einen Genickschuss abbekam, bevor sie ihn fanden, wie er den Biss einer Klapperschlange überstand, einzig dadurch, dass er sich die Bisswunde bei vollem Bewusstsein, nur mit einem Fahrtenmesser hinaus

schnitt, wie er sich beide Arme brach und dennoch die Stiefel des Spieß's putzte. ... .

Nutzen Sie als Frau diese Gelegenheit aus! Für alle Arten schwerer Tätigkeiten wie Kohlen schleppen, Fenster putzen oder das Anbringen eines Regals eignet sich Ihr Mann jetzt hervorragend! Sowie jedoch Ihr Schulfreund wieder gegangen ist, wird er erneut ermattet und krank auf seinem Lager dahin siechen.

Sie wissen ja, wenn Männer krank sind, sind sie krank!

***

... nach einer wahren Begebenheit!
Der neue Job
am 27.11.07

Der 1.Tag
„Guten Tag! Sie sind also der neue Mitarbeiter hier? Haben sie denn schon einen Personalbogen ausgefüllt? ... also, bitte, füllen sie den aus! ... Ja, jetzt gleich! Lassen sie sich Zeit und behelligen sie mich nicht weiter.

Was soll denn diese Frage? Natürlich brauchen wir die Geheimzahl von ihrem Konto, wie sollen wir ihnen sonst Geld überweisen? Nun machen sie schon, sie sind hier zum arbeiten und nicht zum ausfüllen von Fragebögen!

Ja, dort ist die Kaffeemaschine, da hinten, die letzte Tür, für kleine Hörfunkmoderatoren, und Tina! Tina!!! Zeig doch mal dem Herren, wo die Nichtraucher-Ecke ist!"

Der 2.Tag
„Was soll das heißen, sie waren heute pünktlich, aber das Büro war noch abgeschlossen. Ich habe ihnen doch gestern alles erklärt. Wenn etwas unklar ist, hätten sie doch nur zu fragen brauchen!"

Der 3. Tag

„Was machen sie denn da? Sind sie schon wieder an der Kaffeemaschine? Kaum einen Tag hier und schon entpuppt sich der werte Herr als Kaffee-Junkie! Ja! Machen sie ruhig die Pfütze dort weg, auch wenn es meine ist! So etwas kann einem schließlich schon mal passieren. Wenn sie schon Kaffee kochen, dann machen sie ruhig auch mal eine Tasse für mich mit. Was soll das heißen, ich hätte hier gestern ein ganzes Paket Kaffee getrunken! Wollen sie etwa schon den ersten Tag hier aufmucken?"

Der 4. Tag

„Mahlzeit der Herr! Es ist schon richtig, unsere Gleitzeit beginnt zwischen 7.oo und 9.oo Uhr, aber wir sind hier schließlich alle immer ab um acht da! Sie machen doch ihre Pausen auch mit uns zusammen, oder? Oder wollen sie etwa nichts mit uns zu tun haben und sind deshalb lieber allein im Büro?"

Der 5. Tag

„Tina! Tina, sag doch mal bitte dem Herren dort, er soll mal sein Fenster schließen! Wenn er frische Luft haben will, soll er sich gefälligst fünf Minuten lang in den Nichtraucherraum zwängen."

Der 6. + 7. Tag
Ohne Worte

Der 8. Tag

„Wo waren sie denn Samstag? Was heißt hier, sie hätten Samstag nicht gearbeitet? Dass sie Samstag nicht gearbeitet haben, das habe ich gesehen, ... der Stapel wird auch nie kleiner bei ihnen ... aber Samstag ist doch schon lange kein freier Tag mehr!"

Der 9.Tag

„Ihre Kündigung? Na, bloß gut, dass sie hier nur ein paar Tage zur Probe waren und wir sie dafür nicht zu bezahlen brauchen. Ein Mitarbeiter wie sie, hätte uns hier gerade noch gefehlt! Na, schön, ihre Arbeitsaufgaben haben sie zwar zu unserer Zufriedenheit erledigt, aber ein Zeugnis, ... tja, also ein Zeugnis stellen wir ihnen hier selbstverständlich nicht aus. Wir wünschen ihnen weiterhin in ihrem Berufsleben alles Gute. Auf Wiedersehen!

Tina! Tina, schickst du mir mal bitte den Herren rein, der draußen wartet!

Guten Tag! Sie sind also der neue Mitarbeiter hier? Haben sie denn schon einen Personalbogen ausgefüllt? ... also, bitte, füllen sie den aus! ... Ja, jetzt gleich! Lassen sie sich Zeit und behelligen sie mich nicht weiter ... „

***

Die Ami's
am 6.5.07

Die Ami's haben es oft leichter im Leben. Stellen Sie Sich vor, Sie würden Ihren Chef duzen! Wenn Sie nicht gerade sein Betthäschen sind, kann das für Sie unangenehme Folgen haben. Entweder werden Sie solange gemobbt, bis sie freiwillig gehen oder Sie werden tatsächlich zum Betthäschen Ihres Chefs. Im angelsächsischen Sprachraum heißt es einfach nur „you". Ist doch viel einfacher, oder? Aber im Deutschen? „Eh DU, haste mal'n Euro zu viel?" „Wüsste nicht, dass wir zwei schon zusammen Schweine gehütet hätten!"

Auch die Anrede im Schriftverkehr! Wenn ich Sie anrede, schreibe ich es groß! Bei den Engländern bin nur ICH der größte!

85

Ich liebe Amerika! Da ist alles so unkompliziert! Da haben die Präsidenten entweder Sex mit ihren Praktikantinnen im Oval-Office oder sie verstecken dort, wegen der Al-Kaida- oder Russengefahr, wie George Bush, heimlich überall Granaten ... also ich meine jetzt die Granaten, die Renate immer holen muss und in denen irgendeine, für einige Präsidenten wohl trinkbare Flüssigkeit schimmert ... Bourbon ... echt malzig, von glücklichen Kühen in Texas! ... Hippy yaeh!

Am allerbesten wird es aber in Amerika mit den Namen gehandhabt. Da wird verstümmelt und verändert, was das Zeug hält, und manchmal fragt man sich, ob da nicht gar etwas wahres daran ist. Dass aus „Sarah" „Sadie" wird, ist ja noch halbwegs verständlich, wobei ich mich dann doch fragte, als ich die Dame Namens „Sadie" kennen lernte, ob es ratsam für mich sei, ihr in ihr Schlafgemach zu folgen, denn ich war mir nicht klar darüber, ob „Sadie" wirklich nur ihr Spitzname sei oder ob nicht Peitsche und Nippelklemmen bereit lägen.

Bei meinem Kumpel Zac dauerte es eine weile, bis ich begriff, dass er in Wahrheit Zachary hieß. ... Also Zachary, fast wie Zichorie oder Chicorée, aus dem man Kaffee-Ersatz macht.
Als ich Penny kennenlernte dachte ich, sie sei ein Mädchen fürs Geld, aber Penny ist nur die Abkürzung für den, im englischen unaussprechlichen Namen „Penelopé", was mich dann doch eher an Antilope erinnert und genau solch schlanke Fesseln hatte sie.

Mit Joe assoziierte ich einen Mann! Schon welterfahren mit den Ami-Namenskürzungen tippte ich auf Joseph, was aber nicht stimmte, denn Joe war eine Frau Namens Josephine!

Nicht viel einfacher wird es bei „Bill" und „Bob"! Aus
William wird Bill, aus Robin Bill, aus Robert Bob, aus
William wieder Bill, aus Bobsleight wird Bob, mit Bill
bezeichnet man aber auch die amerikanische
Rechtswissenschaft, aus Wilhelm wird Bill ... Bitte, über
wen oder was reden wir denn jetzt? Über Gesetze, über den
deutschen Kaiser oder über den amerikanischen Komiker?

Noch kürzer geht es mit der Abkürzung „T."! Generationen
von Raumschiff-Enterprise-Fans mussten warten, bis nach
Jahrzehnten, im zweiten Kinostreifen von 1980 klar wurde,
das „James T." „James Tiberius Kirk" heißt.

Na, aber so sind die Ami's! Aus der Eleonore Rigby, von
den Beatles besungen, wird „Miss Elli", aus Beatrix wird
Betty, aus Elisabeth wird Betty, aus Katharina wird Kathy,
aus Tatjana wird Taty, aus Samuel wird Sam, aus Pamela
Pam, aus Roland wird wieder Bill, aus Richard wird Ricci
und wahrscheinlich bin ich selbst schon von Geburt an Ami,
ohne es zu wissen, ... ist doch die Kurzform von Rudolph
nicht nur Bill oder Bob sondern auch Rolf!
Ein Toast auf die Ami's!

***

Die Bar - Ein Sendungsende
am 10.3.2016 als Skizze entworfen, 11.3.2016 für O.K.beat
+ Crazy Words ausgearbeitet

Es war bereits die erste Stunde nach Mitternacht. Das wäre
jetzt genau die richtige Zeit für Musik von Frank Sinatra,
Adele, Bessie Smith oder, noch besser, Norah Jones und
nicht die Musik für den O.K.beat am Mittag.
Eine einsame Bar, an der Chicagoer Eastside.

Der Tag war Ereignislos und wie das Wetter, trüb geblieben. Von dem winzigen, immer unaufgeräumten Büro, das meine kleine Detektei beherbergte, waren es nur wenige hundert Schritt bis zu meiner genauso miesen, herunter gekommenen Wohnung einen Block weiter.

Schon an den wenigen schönen Tagen im Jahr zeigten sich nur all zu wenige Interessierte in meiner Detektei.
Wenn jedoch tief hängender Nebel und Landregen sich mit den, durch sie herunter gedrückten Rauchwolken der Industrie, vermengten und sich kaum noch Menschen zwischen den Häuserschluchten herum drückten, sah es bei mir mit Kundschaft noch schlechter aus.

Was für „interessante" Fälle gab es denn überhaupt für mich? Hier war es die entlaufene Katze, dort die Hausfrau, die offenbar nicht wirtschaften konnte oder das Inkassobüro, das Erkundigungen über einen zockenden Gatten einzog. Fälle wie die vermutlich gehörnte Ehefrau oder die neidischen Nachbarn, die sich wunderten, das jemand in ihrem Haus offenbar mal Geld hatte, waren die viel zu seltenen, spannenden Ausnahmen. Von einem echten Mord, den ich hätte aufklären können, ganz zu schweigen.
Es war einfach nichts los bei diesem Wetter, in Chicago, der Stadt des Verbrechens.
So hatte ich mir heute zur Mittagszeit nur einen Hotdog bei einem lausigen Imbissstand geholt, dessen Bedienung mindestens genau so speckig herum lief, wie es seine Würste waren.

Sehr Zeitig war ich dann auch wie jeden Abend zu Sam gegangen. In dessen Bar hingen die immer gleichen Gäste herum, der Zahnlose, der immer jedes Wort, das im Raum gesprochen wurde, hämisch lächelnd zynisch kommentierte. Die Zahnlose, die dem Zahnlosen immer halb auf dem

Schoß saß und die seine Kommentare mit einem zickigen Gekicher begleitete.

Der Zuträger der Polizei, der jeden Polizistenwitz und wer weiß, was noch alles, mitschrieb und hinterher seinem Vorgesetzten meldete.

Dann gab es noch den gerade frisch geschiedenen Ehemann, dessen einzige Nahrung, wie immer in den letzten Wochen, aus einer halben Flasche billigstem Fusel bestand. „Lass die Flasche gleich hier, Sam."

An der laut grölenden Pokerrunde in der Ecke störte sich niemand, genauso wie an der wenig Energie verströmenden Kapelle auf der winzigen Bühne, die nur halbherzig alles daran setzte, den Lärm, den das Radio im Billardcenter im Nachbarhaus verursachte, zu übertönen.

Mein Trenchcoat baumelte über meinem Arm und ich wollte bereits gehen, als SIE zur Tür herein kam. Einfach alles stimmte an ihr. In eine rauchige Bar passt keine sportliche Blondine, eine Brünette indes schon.

Sie setzte sich neben mich, schaute Sam an und bestellte uns beiden einen Drink. Dabei sah sie mich an und erklärte Sam und mir, mit einem lasziven Augenaufschlag, dass ihr höchst eifersüchtiger Gatte soeben ihr Klavier in der Wohnung zertrümmert habe, damit sie dort nicht mehr üben könne, um in Bars wie dieser hier Klavier zu spielen.

Ich sah sie etwas entgeistert an, weshalb sie mir meinen Stetson neckisch ins Gesicht zog.

Die gute, teure, kubanische Cohiba, die nur äußerlich vorgab, eine gute, teure, kubanische Cohiba zu sein, glimmte derweil lässig in meinem Mundwinkel. Die sehr, sehr tief gekühlte Brünette auf dem Barhocker neben mit reichte mir erneut einen bernsteinfarbenen Bourbon. Wir prosteten uns zu.

„Und noch je einen für uns, Sam. Für mich diesmal bitte auch ohne Eis.", verlangte sie.

Der Bourbon stand schon auf dem Tresen und Sam polierte bereits wieder Gläser, als er ihr mit einem Kopf nicken in die entsprechende Richtung sagte: „Der Flügel ist erst vor ein paar Tagen wieder frisch gestimmt worden."
Sie reichte mir das neue Glas, leckte sich über ihre feuerroten Lippen, während mein Bourbon wie Öl angenehm über meinen Gaumen rann.

Sam hinter der Theke grinste mir verstehend zu, während das Orchester seine bereits eingepackten Instrumente von der Bühne holte.
Durch die durch die Musiker auf gelassene Tür, sah man, wie draußen Regen in Pfützen klatschte.
Ihre Hand berührte leicht mein Knie. Unsere Augen trafen sich.
Sie glitt in einer fließenden Bewegung vom Barhocker und swingte Katzen gleich zum Piano.

Der Rauch meiner Cohiba füllte den Raum zwischen uns und der Bar und dem Instrument wie Schwaden feinen Nebels Chicago.
Regen trommelte seicht von außen an die Fenster. Draußen schälten die Scheinwerfer einer Limousine die herunter gekommenen Fassaden aus dem Dunkel der Nacht.

... und sie setzte sich an den Flügel und begann mit ihrer rauchigen Stimme ... .
... Euch eine schöne Nacht!
Norah Jones – the nearness of you ...

Die Frau mit dem goldenen Arm

am 28./29./30.4./4.08 (1.Absatz ◊ Ursprünglich 3.Absatz im Text „Magnolienblüte") + 4./8.5.08 (Rest)

Der Vormittag begann recht harmlos. Vor dem Haus blühten die Magnolien, in der Nachbarwohnung kläffte wie immer der Pinscher, meine Waschmaschine rubbelte laut dröhnend die Wäsche von zwei Tagen, in der Wohnung über mir polterten die Klempner, in der Wohnung unter mir staubten die Maurer, auf meinem Balkon bläkte der Malermeister erst seinen Gesellen an: „Und denn machste hier, kiek ma, den Rand!", dann mich: „Herr Jänserich, könn se ma ihrn Kaktusstrauch, oder wat det hier is, wat so stachelt, beiseite räum'?", um den Lärm zu übertönen schrie mir Johnny Cash vom CD-Player seine deutschen Songs ins Ohr „Besser so, Jenny Jo, ... der warrren drrrei Cowboys ...", und ich versuchte an meinem PC keinen Schusswechsel mit den „drrrei Cowboys und Jenny Jo" in den Brief an den OKB mit der Bitte um Verlängerung meiner Sendeschiene einfließen zu lassen, als mich Udo mit seinem Anruf überraschte.

„Hallo Alterchen!", begrüßte ich ihn freudig, „Was gibt's Neues bei dir?"
„Ooch, nüscht!", sagte Udo. „Ist denn bei dir was los?"
„Na ja", sagte ich und begann zu erzählen, „Mein Haus wird doch nun schon im dritten Jahr saniert. Die Wohnung über mir wird wohl dann wohl auch mal fertig, denn gestern hat sich jemand die Bude angeschaut. Bei mir sind gerade mal wieder die Maler und verpassen meinem Balkon den vierten Anstrich. Na und gestern hat mir irgend ein Schwachmat den Vorderreifen bei meinem Fahrrad zerstochen. Tina war auch mal wieder bei mir, ... stell dir vor, die will mit mir nun wirklich mal tanzen gehen! Seit zehn Jahren redet sie davon und jetzt macht sie ernst. Tja und Job ist auch weiterhin

nicht in Aussicht, trotz drohender allgemeiner Vollbeschäftigung."

Udo hatte zwischendurch immer mal wieder ein „Mh-mh" gegeben, zum Zeichen dafür, dass er mir weiter zuhörte.

„Und, was gibt's bei dir Neues?", fragte ich.

„Naja", begann Udo zögerlich, „läuft alles, wie sonst auch. Meine Frau ist nur seit gestern im Krankenhaus!"

Ich wurde hellhörig! Seine Monika hatte ich doch erst letzte Woche gesehen! Sie war das blühende Leben. Und nun?

Udo fuhr fort: „Na, du verstehst schon. Sie ist jetzt im Entzug!"

Ich verstand gar nichts. „Abbau von Opioiden.", setzte Udo nach. „Die Frau mit dem Goldenen Arm!"

„Das tut mir aber leid.", sagte ich.

„Ja," erzählte Udo weiter, „Du kennst doch unsere Susi."

Ich nickte am Telefon, sagte aber nichts, unklar der Dinge, die ich hier noch zu hören bekam, aber ich kannte Susi, ihren schwarzen Cocker, der mit nur zwei Jahren schon unter Arthritis, Diabetes und Räude litt.

„Naja", erklärte mir Udo „Susi hat sich gestern an einem Hühnerknochen verschluckt und ist daran innerlich verblutet."

„Udo", sagte ich, „Jeder weiß doch, dass man Hunden keine Geflügelknochen geben darf, weil die im Maul nur splittern!"

„Ist mir auch klar!", fuhr mich Udo an, „Aber unsere Steffi war doch über Nacht nicht zu hause."

„Was bitte", fragte ich entsetzt, „hat eure Tochter damit zu tun, wenn sie gar nicht da war?"

Udo seufzte. „Du löcherst einen heute aber auch ganz schön. .... Na, ich war auch nicht zu hause, weil doch meine Mutter ins Krankenhaus bringen musste und da sich mein Vater am Montag das Bein gebrochen hat, konnte der Muttern nicht fahren. Deshalb sollte sich Steffi um unsere Susi kümmern. Du weißt ja, Steffi ist gerade erst fünfzehn und hatte vor vier Wochen ihre Jugendweihe. Also Steffi, erlitt gestern in der Schule einen Schwächeanfall und ist mitten im Unterricht aus den Latschen gekippt. Der Arzt, zu dem man sie brachte, hat festgestellt, dass sie Schwanger ist, aber gerade dabei ist, wegen Überanstrengung im Sportunterricht, ihr Kind, ihren Fötus, zu verlieren. Deshalb war Steffi nicht zu Hause und so hat Susi, weil die Hunger hatte, sich was Essbares aus der Mülltüte gekramt und als ich dann abends nach hause kam und an meiner Ecke den Zusammenstoß mit dem großen LKW hatte, fand ich in meinem Briefkasten auch noch das Schreiben meiner Firma, in dem man mir den Job kündigte."

„Udo", unterbrach ich ihn, „Udo, ich werde mich bei dir nie wieder über meine Sorgen beschweren."
Udo antwortete mir aber nicht mehr. Ich hatte kaum meinen Satz beendet, da hörte ich am Telefon im Hintergrund eine mächtige Explosion.

***

Die Grippe mit dem Ringelschwanz
am 12.11.09

1. Versuch
ich: Guten Tag! Ich komme zu ihnen, weil ich soll mich, hat mein Hausarzt gesagt, von ihnen gegen die Schweinegrippe impfen lassen.
Er – pampig: Schweinegrippe? Ham wa nicht! Jehn se mal hoch zum Urologen, der hat ooch keene!
Ich: Und nun?
Er – pampig: Na, das hier ist doch'n Ärztehaus! Versuchen sie es einfach mal wo anders!

2. Versuch

ich: Tachchen. Icke komm zu ihn'n weil ick dachte, sie könnten mir jejen diese Schweinerüsselseuche impfen!

Sie: ja gern! Das ist kein Problem! Bei welcher Kasse sind sie denn privat versichert?

Ich: na, bei einer Ersatzkasse.

Sie: Gut, dann schauen wir mal, nächstes Jahr im Juli ...

Ich: Nächstes Jahr im Juli?

Sie: Ja! Das ist die normale Verfahrensweise. Sie können mir aber auch gern 255 €uro in kleinen, gebrauchten, nicht fortlaufend nummerierten Scheinen in einem unauffälligen Umschlag heimlich über den Tisch schieben, dann würde ich zusehen, ob sie nicht gleich bis heute Abend hier bleiben könnten. Aber eine Quittung darf ich ihnen dafür selbstverständlich nicht geben.

3. Versuch – nun am Telefon

wählen ... Besetztzeichen ... erneut wählen, dann die Ansage:

Hier ist die Telefonzentrale der Praxis von Dr. Bromhexin! Wenn sie akute Beschwerden haben, wählen sie nun bitte die 1, wenn sie Befunde von uns anfordern wollen, wählen sie bitte die 2, wenn sie bei einer privaten Krankenkasse sind und mit uns einen Termin vereinbaren wollen, wählen sie nun bitte die 3, sind sie gesetzlich krankenversichert, wählen sie nun bitte die 0190 – 44 66 66, 0190 – 44 66 66

4. Versuch

ich: Guten Tag, ich habe die Schweinegrippe ...

***

94

Die kriegen mich nie!
Am 4./5.7.06 – *Nachschliff am 19.7.2020*

Sie sind wieder hinter mir her! Sie werden mich nie mehr kriegen, so sehr sie sich auch anstrengen!
... Da! Seht ihr sie? Da ist schon wieder einer! Sie sind ständig hinter mir her!
Ganz gleich, was ich auch mache, in genau dem Augenblick, in dem mir auch nur ein kleiner Fehler unterläuft, bin ich dran! Sie fassen mich am Schlafittchen, drehen mich durch die Mangel, knüppeln mich nieder!
Sie fassen mich sogar, wenn ich überhaupt nichts gemacht habe!
Meistens fassen sie mich, wenn ich nichts gemacht habe! Deshalb bin ich schon ganz nervös! Ständig denke ich daran, mich unauffällig zu benehmen, damit sie mich ja nicht umsonst fassen, was zur Folge hat, dass ich mich sehr auffällig benehme .... und schon sind sie wieder hinter mir her!
Beim Flug, an der Grenze, bei der Fahne ... ständig sind sie hinter mir her! Ständig fassen sie mich!
Fünfmal bin ich in meinem Leben mit den Öffentlichen schwarz gefahren, fünfmal haben sie mich erwischt!
Als kleiner Junge von acht Jahren versuchte ich mal in einem Süßwarengeschäft einen Lutscher zu mopsen und natürlich wurde ich erwischt! Die Tante in dem Laden hat zwar nur „Du-Du!" gemacht, aber ich habe noch heute Albträume davon!
Bei der Fahne, bei der NVA, wurden Kistenweise Imitationsknallkörper aus dem Objekt gekarrt, ich entwendete einmal zwei einzelne Knallkörper und nur bei mir wurde der Spinnt, der Schrank kontrolliert!
Alle fahren in Berlin mit ihren Autos zu schnell, ... ich werde geblitzt!

Oder, als wir 1988 von der Firma aus für einen Tag nach Prag flogen. Ich hatte eine Rolle Traubenzuckertabletten dabei! ... so als Wegzehrung für den Notfall! Ihr könnt euch nicht vorstellen, wie ich bis aufs Hemd bei Hin- und Rückflug in Berlin und Prag gefilzt worden bin!

Nur einmal bin ich allein in meinem Auto nach Polen gefahren! Auf dem Rückweg musste ich in Hohenwutzen, bei der deutschen Grenzkontrolle, mein Auto komplett zerlegen! Reserve-Rad rausnehmen, Rücksitze hoch klappen, Türverkleidungen innen abschrauben ... . Die Schlange hinter mir wurde immer länger! Ich habe doch garnischt gemacht! Ich hatte nicht eine Zigarette mehr dabei! Seitdem bin ich nie wieder nach Polen gefahren!

Sie sind ständig hinter mir her! Im Supermarkt, in der S-Bahn, auf der Bank, im Park, am Breidscheidplatz ... .

Ich gebe ja gerne zu, dass ich zu den typischen Dieben und Strolchen gehöre! Als ich noch im Einzelhandel bei der HO und später bei KAISER'S, gearbeitet habe, bin ich auch, zu besonders signifikanten Zeiten, „Aufsicht gelaufen". So hieß das damals: „Aufsicht laufen" ... für eine halbe Stunde oder so. Und genau solche Typen wie mich habe ich dabei beobachtet! Einsame Herren mittleren Alters, die „irgendwie verdächtig" aussehen! Erwischt habe ich solche Typen wie mich aber nie! Dafür andere, ... so senile, nette Omas, gutsituierte Hausfrauen, polnische Reisegruppen, den Chef der Schlecker-Filiale von gegenüber, aber solche Typen wie mich, erwischte ich nie!

Und dennoch sind sie ständig hinter mir hinterher! Von der WM-Fanmeile werde ich abgewiesen wegen eines harten, spitzen Gegenstandes in meiner Tasche ... „Das ist mein Wohnungsschlüssel, du Idiot!"

Bei Saturn werde ich kontrolliert, weil ich die CD's mit

Kassenbon offen in der Hand halte ... „Wenn sie die nach der Kasse in eine Tüte stecken, passiert ihnen das nicht!" bekommt man gesagt. Aber bitte, in eine Tüte kann ich sonst was stecken ... mehr als nur die bezahlten CD's! Die sollen doch in den CD-Shops froh sein, dass es überhaupt noch Leute gibt, die CD's kaufen! Schließlich kann man alles irgendwie gecrackt auch kostenfrei bekommen ... nur das man mich vermutlich auch beim cracken kaschen würde.

Ja! ... Beim Mediamarkt bekommt man Ärger, wenn man seinen Rucksack nicht in ein Fach einschließt. ... Ähm ... Entschuldigung ... ähm .... Hab ich Affenarme?

Dieser Raum ist Videoüberwacht! ... Dieser Bahnhof wird Videoüberwacht! ... Dieser S-Bahnwaggon wird Videoüberwacht! ... Diese Hauswand wird Videoüberwacht! ... Dieser Verkaufsraum wird Videoüberwacht!

... Zack ... und schon klebt einem obendrein auch noch so ein Idiot vom Wachschutz wie eine Schmeißfliege am Arsch, während man sich das flauschigste Toilettenpapier aussucht!

Da! Schon wieder hat mich einer auf dem Kieker! Sie sind ständig hinter mir her! Aber sie kriegen mich NIE! NIEMALS, denn ich werde mich hüten, etwas Unrechtes zu tun. Deshalb fassen die mich nie! Ich klaue nicht, ich fahr nicht schwarz, ich fahr nicht zu schnell, ich beschmiere keine Hauswände, ich belästige keine Frauen, ich bezahle mein Bier im Restaurant. Deshalb werden die mich nie fassen!

Da! Da ist schon wieder einer ... und dort auch ... und da hinten ... !

***

Die OKbeat-Konserve
am 15./17./28.6.09 – *Nachschliff am 19.7.2020*

Meist bekommt man einige Tage vorher, manchmal aber zwei Tage vorher, einen Anruf, so mit dem Inhalt: „... Also Rolf weißte, deine Sendung übermorgen .... also hier ist keiner da und das Haus ist zu, denn wir berichten live von einem Straßenfest ... du weißt doch, das ist doch diese Tage. .... Du müsstest also ... naja .... vielleicht bis spätestens heute Abend noch eine Vorproduktion abgeben. ... Aber ein Studio dafür können wir dir leider nicht geben, denn wir heute keines mehr frei!"

Zur Übersetzung für Laien: „Vorproduktion" heißt „Konserve", „bis heute Abend" heißt: setz dich sofort an die Texte, sage alle anderen Termine heute ab, sage deinen Gästen für die nächste Sendung ab, verlege die Gäste deiner nächsten Sendungen auf neue Termine und wenn du dann Glück hast, bleiben dir dann heute vielleicht noch siebzig Minuten für die Produktion und das Mastern der Sendung auf der CD, bevor du los musst zur Voltastraße, um die Konserve dort abzugeben!

Und schon geht es los:
„Hallo, liebe Hörer! Wenn ich heute etwas blechern klinge, so liegt das ganz einfach daran, dass dies heute eine Ton-Konserve ist! Diese Konserve ist eigentlich genauso lange haltbar, wie wir dieses Parteiengemisch in der Bundesrepublik haben!
Und nun zu den Nachrichten!
Messerstecherei in Fahrradschlauch – Polizei geht die Luft aus!
Feuerquallen vor Zingst – Feuerwehr warnt vor Strandbränden!
Totes Meer gestorben – Interpol eingeschaltet!

98

Das OKbeat-Konserven-Wetter:
Die Temperatur 19.30 im Prenzlauer Berg: mehr als 77°
Kelvin!
Nachts   dunkel!   –   Sonnenaufgang: morgens,
Sonnenuntergang: unterschiedlich - je nach Alkoholpegel
Morgen teils heiter, teils wolkig, strichweise Regen,
gelegentlich   Sonne   bei   Temperaturen   der   Jahreszeit
entsprechend. Gegen Abend werden die Wolken poetisch –
sie werden Dichter!

Kommen   wir   zum   Schluss   noch   zu   den
Programmhinweisen: Meine nächste Sendung hier gibt's
vielleicht, eventuell, falls nichts dazwischen kommt,
durchaus noch in diesem Jahr! Das erfahren sie am besten
auf der Internetseite dieses Senders hier ... sofern sie
funktioniert.
Weitere Programmtipps entfallen, denn .... ähm .... wegen
des Ausfalles des Live-OKbeat heute, hat sich mein Hamster
erkältet und der hat dann die CD mit den entsprechenden
Alex-OKB-Jingles ins Aquarium geworfen und meine zwei
Saugwelse haben sich daraus nun ein Nest gebaut, ... in dem
sie ein Straßenfest feiern!"

Nun folgt ein acht bis sieben Minuten langer Titel, denn
weil ich keine Gäste habe, fehlen mir einfach die Worte!
Endlich ist das Stück vorbei! Der arme Zuhörer, der bis zu
diesem Zeitpunkt noch nicht eingepennt ist, sondern so
pfiffig war, sich zwischendurch einen Handgeschöpften
Kaffee zu machen, wird nun mit der folgenden Moderation
aus seiner Lethargie erweckt:

"Das war gewesen ein Musiktitel! ... Wer hätte das
gedacht! .... Machen wir nun weiter mit einem weiteren
Musiktitel!"

Bei solch bedeutungsschwangeren Texten vergeht die Zeit, leider nicht wie gewohnt, sehr schnell, sondern nicht nur für mich zieht es sich!
Die Abmoderation ist schließlich für alle eine Erlösung:

"Das war gewesen der unverantwortliche Sendeverantwortliche .... also icke .... mit dem O.K.beat als eine Tonkonserve. Ick sage denn mal Tschüssi und teste auch in der nächsten Woche, dann wohl wieder live, hier auf diesem Sender die Abschaltquote."

Weil ich mich mit dieser ausgesprochen langen Moderation nun doch komplett in der Zeit vertan habe, bin ich nun aufgeregt und starte versehentlich den falschen CD-Player, was ich aber noch nach anderthalb Minuten bemerke und mit den Worten kommentiere:
"Sehr sinnig von mir, den Rechten CD-Player auf den linken Zug am Mischer zu legen. .... Tschulligung!"
Als Erläuterung für den Laien: ich habe in meinem privaten, kleinen Hörfunkstudio meine ursprüngliche Verkabelung zum Mischpult im Prinzip von 1978 so gelassen, nur stehen die einzelnen Geräte mittlerweile an unterschiedlichen Stellen im Raum, es sind auch CD-Player dazu gekommen, weshalb ich mir selber immer eigene Fallen stelle, in die ich regelmäßig hinein tapse, ohne daraus zu lernen .... man geht schließlich auf die fünfzig zu.

In meiner nun ausbrechenden, selbst verschuldeten Hektik, starte ich nacheinander versehentlich die Bandmaschine, den Plattenspieler und nochmals den falschen CD-Player und habe für den geplanten Schlusstitel noch gerade zwanzig Sekunden Zeit!
So einfach entsteht eine Okbeat-Konserve.

Die Sache mit dem kleinen Mann
am 13.1.2010

Es hatte tagelang ausgiebig geschneit!
Schnee! Schnee! Schnee in Berlin! Diese Mengen gibt's nur alle zwanzig Jahre!

In den Nachrichten hatte es am Nachmittag noch geheißen: „Angedrohter Amok-Lauf!
Winter! Laut DDT droht Frau Holle in den nächsten Tagen mit Eis-Bomben. In Vertretung für den Bundesdrogen-beauftragten Rösler, FDP, erklärten Friedmann und Christoph Daum übereinstimmend: „Frau Holle" sei der Spitzname für Schneewittchen!. Die Berliner Polizei sollte deshalb, statt Drogenhunden, besser gleich die Rentiere des Weihnachtsmannes einsetzen, um den Schnee nach Sports-Kanonen und Lach-Salven zu untersuchen!"

So die Meldung im Radio! Ich hatte mir also nichts bei dem Schnee gedacht! Wie immer waren die Bürgersteige überhaupt nicht geräumt, die Radwege existierten nicht mehr, einzig die Hauptstraßen hatte man wie Heringe fett gesalzen. Deshalb kam ich auf die gute Idee, mit meinem Fahrrad auf der Straße zur Lesung der BeTonWerker zu gondeln.

Also das Bein geschwungen, in die Pedale getreten, unfallfrei bis zu nächsten Ampel und dort in die Seitenstraße. Und da! Genau da stand er plötzlich mitten in den Spurrillen, der kleine Mann. Seine Augen leuchteten wie Kohlen. Sein grünes Mäntelein und sein rotes Käppchen erinnerten mich an Rotkäppchen und in einer Hand hielt er einen Taktstock.

„Du! Halt mal an!", krächzte es.

Ich nickte ihm höflich zu, wünschte ihm einen schönen Tag und fuhr weiter.

„Du! Anhalten! Sofort!", krächzte es erneut!

Ungerührt fuhr ich weiter. Wenn ich bei jedem kleinen Männchen mit grünem Mäntelein und rotem Käppchen anhalten würde, käme ich ja nie an!

Und wieder stellte es sich mir in den Weg und krächzte, wobei es bedrohlich seinen Taktstock hob:

„Dein Hinterrad soll jetze dein Vorderrad überholen! ... Zinn-Zinn!"

Das hätte es wohl besser nicht sagen sollen, denn sofort versuchte an der linken Seite das Hinterrad mein Vorderrad zu überholen und ich packte mich mit einem lauten „Plautsch" und „Autsch" auf die Fresse, wobei mein linkes Bein antestete, wie weit sich das Knie herum biegen ließ.

„Hey Männchen! Warum hast du denn das gemacht? Das tut säuisch weh!"

„Na, wenn du nicht anhältst ...!", krächzte es!

„So schnell, wie du mit deinen dreißig Zentimetern Körperhöhe immer an mir vorbei gejettet bist, hättest du auch auf meine Lenkstange hüpfen können. Wer bist du überhaupt, du Gnom?", polterte ich, mich langsam Richtung Fahrrad tastend, das auf die andere Straßenseite geschleudert worden war, um mich daran auf zu hieven.

„Ich bin einer von Frau Holles Kobolden, die die Schneehöhe in Berlin testen. Und ich wollte dich fragen, ob du noch andere von uns gesehen hast, denn da mein Navi bei der Kälte streikt, hab ich mich vielleicht verlaufen. Sind wir hier am Prenzlauer Berg?", krächzte es.

Noch immer von dem Sturz benommen nickte ich. „Ja, ja, ist schon recht. Aber du bist der erste von euch, den je überhaupt gesehen habe."

„Das ist aber schade, dass du noch keinen weiteren von uns gesehen hast. Wir hätten uns doch nicht mit den Schlümpfen zusammen tun sollen, die sieht man nämlich bei diesem Wetter überhaupt nicht, da man sie kaum von Schneewehen unterscheiden kann. Tut dir denn was weh?", fragte es mitleidig.

„Ja, ich kann ja kaum noch auftreten!", schluchzte ich.
„Kann ich dir denn helfen?", flüsterte das Männchen leise.
„Also, wenn du den Schnee mal schnell wegmachen könntest, wäre das schon mal ein guter Anfang." knarzte ich.

„Na schön, das wir uns so schnell einig sind!", krächzte der Kobold und setzte nach: „Dein Wunsch sei mir Befehl! Bis ende Mai, das verspreche ich dir, ist der Schnee garantiert weg. Außerdem bekommst du morgen in der Notaufnahme des Krankenhauses Friedrichshain nach nur sechs Stunden Wartezeit eine super Behandlung und zwei schlumpfblaue, nagelneue Krücken und einen netten Sportarzt zur weiteren Behandlung."
Sprach es, wedelte mit seinem Taktstock vor meiner Nase herum und verschwand urplötzlich.

Mühsam schleppte ich mich die gut anderthalb Kilometer zu meiner Wohnung, auf mein Fahrrad gestützt.
Jetzt erkannte ich sie auch! In jeder Schneewehe, die ich sah, steckte ein Schlumpf!
Und als ich am nächsten Tag an Krücken aus der Notaufnahme des Krankenhauses hinkte, versperrte mir erneut ein kleines Männchen mit grünem Mäntelchen und rotem Käppchen den Weg und fragte mich, ob ich weitere Kobolde gesehen hätte, oder blaue Schlümpfe.

Na das konnte ja ein Winter werden!

Nachsatz vom 14.9.2012: Diesen Text hab ich tatsächlich sechs Tage, nachdem ich mit dem Fahrrad auf der Straße ausgerutscht war und mir ein Bein gebrochen hatte, geschrieben.

Drei Tage (am 16.1.2010) nach dem Text sprach ich am Telefon zum letzten mal mit meinem Vater, der am 29.Januar 2010 im Unfallkrankenhaus Marzahn verstarb. Es war dies wirtlich ein "Scheiß-Winter".

***

Der folgende Text ist entstanden, nachdem ich das erste und einzige mal in meinem Leben mit Cannabis richtig zugedröhnt war. Ich hatte es einen Tag zuvor von einem Kumpel geschenkt bekommen. Ich hab das Zeugs nach diesem Trip nie wieder angerührt, weil es mir zu heikel war und die Nachwirkungen eine ganze Woche andauerten. Hab seitdem auch keine illegalen Drogen mehr angefasst. Aber diese eine Reise damit musste ich schon noch ein paar Tage danach aufschreiben.

Die sieben Zwerge, Ho-Chin-Minh, Pegasus, Schneeweißchen, Walt Disney und ein Geißlein!
am 24.9.05 – Nachschliff am 19.7.2020

„Ho-he-ho .... Ho-ho-Ho-Chi-Minh!..." Immer, wenn er gut gelaunt war, erstaunlicher Weise fast immer beim Autofahren, sang, summte er diese Zeilen: „Ho-he-ho .... Ho-ho-Ho-Chi-Minh!"

Heute saß er vor seinem Computer. Aus einer Flasche Rotwein und einer Selters goss er sich immer mal wieder ein Glas ein. Wein-Schorle brummte nicht so. Die Zigarette in seiner rechten Hand qualmte. Der Aschenbecher war noch jungfräulich sauber. Er summte zum wiederholten male sein: „Ho-he-ho .... Ho-ho-Ho-Chi-Minh!"

Plötzlich hörte er hinter sich Geräusche! Er ignorierte es geflissentlich. Hinter ihm KONNTE nichts sein.

Das Geräusch verdichtete sich. Sie wisperten! Sie wisperten über ihn! Ganz leis' erst, aber kontinuierlich lauter werdend wisperten sie.

Und dann brachen sie, wie bei einer Parade, mit Brachialgewalt hervor: „Hei-Ho, hei-ho, wie sind wir ja so froh .... wir singen hier mit dir ein Lied hei-ho, hei-ho ...!"

Von der Wucht dieses Aufpralls überwältigt, flog er förmlich aus seinem Chef-Sessel und landete rücklings auf dem Boden.

Die sieben Zwerge drehten eine Ehrenrunde vor seinen Beinen vorbei: „Hei-Ho, hei-ho, wie sind wir ja so froh .... wir singen hier mit dir ein Lied hei-ho, hei-ho ...!"

Die Frage fand er schon unsinnig: Was machen die sieben Zwerge von Walt Disney in meinem Wohnzimmer? Ich habe diesen scheiß Film nie gesehen!

„Hei-Ho, hei-ho, wie sind wir ja so froh .... wir singen hier mit dir ein Lied hei-ho, hei-ho ...!"

Die Wiese, auf der er saß, blühte.

„Großer, starker Held! Hast du mein Geißlein gesehen?"

Er wollte antworten, doch seine Stimme versagte, so schüttelte er nur seinen Kopf. „Du hast mein Geißlein also nicht gesehen?", wiederholte sie.

Damit er nun endlich mal antworten konnte, reichte sie ihm ein Mikrophon.

„Nein, Schneeweißchen, hab ich nicht! ... Aber sieh, dort steht der weiße Schimmel Pegasus mit seinem Einhorn und seinen Flügeln! Vielleicht nützt er dir?"

Die sieben Zwerge tanzten über die Wiese in Richtung Pegasus. „Hei-Ho, hei-ho, wie sind wir ja so froh .... wir singen hier mit dir ein Lied hei-ho, hei-ho ...!"

„Keine Zeit, keine Zeit, keine Zeit!" rief Schneeweißchen, neckte einen Zwerg an seiner Zipfelmütze und verschwand.

Nebelschwaden wallten aus dem Glas Rotweinschorle empor, als er es an die Lippen setzte. Beim Zurücksinken in das weiche Gras der Wiese, stützte er sich mit einem Arm an der Wand zur Küche hin ab und stellte erstaunt fest, dass er durch diese Wand hindurch fassen konnte. Stein und Mörtel waren weich wie Gummi und ziemlich kalt. Verblüfft schaute er sich seinen Arm an. So etwas hatte er noch nie gekonnt!
Er sank zurück auf die Wiese. Hummeln summten und kleine Bunte Vögel, Kolibris, umschwirrten seinen Kopf: Bsss-sss, Bsss-sss
Durch die aufgewirbelten Nebelschleier des Rotweinglases hindurch kam Pegasus auf ihn zu galoppiert.
„Das wäre jetzt ein guter Zeitpunkt, um etwas in den Aschenbecher zu legen.", sagte er laut zu sich, nahm noch einen kräftigen Zug und schwang sich auf den Rücken des geflügelten Zossen.
Die Erde wurde immer kleiner und nur noch zu einem blauen Diamanten, der Mars wurde nur noch ein kleiner roter Diamant, an Jupiter schrammten sie fast vorbei und erst auf Saturn landeten sie.
Handtellergroße Tellerinen begrüßten sie: Hoaaa! Hoaaaa!
Die Wiesen auf Saturn waren pink! Pinkes Gras, pinke Vögel, lila Tannen ...
Eine handtellergroße Tellerine gab ihm ein unbeschriebenes pinkes Blatt Papier, das er großmütig abzeichnete. Er war hier der Chef. Hier durfte er alles absegnen, ... auch unbeschriebenes, pinkes Papier!

Als die Farben begannen zu verblassen, nahm er erneut einen tiefen Zug, schließlich musste er heut' noch zurück!
Die sieben Zwerge umtanzten ihn: „Hei-Ho, hei-ho, wie

sind wir ja so froh .... wir singen hier mit dir ein Lied hei-ho, hei-ho ...!"

So setzte er sich wieder auf Pegasus. Pegasus schnaubte, schlug mit den Flügeln, noch ein Zug und Pegasus hob ab! Sie schwirrten durchs Weltall, besuchten die Milchstraße, schauten bei Luke Skywalker vorbei, ritten zusammen auf der Enterprise, besuchten neue Planeten und stießen dabei fast bis ins Zentrum unserer Galaxis vor. Dass immer wieder mal die sieben Zwerge auftauchten, störte Pegasus und ihn nicht im Geringsten! Alles war schön, hell und warm! Selbst die graue Erde war schön, hell und warm.

Schließlich musste er mal ganz dringend. Deshalb glitt er, wohl etwas sehr plötzlich, von Pegasus's Rücken. Seine Beine durchschlugen dabei den Fußboden und baumelten dadurch von der Zimmerdecke der darunter liegenden Wohnung.

Schnell rappelte er sich wieder auf. Die Wände des Flurs, über den er schlurfte, waren noch immer weich wie ranzige Butter. Als er, erleichtert, vom Klo wieder herunterkam, hatte sich die Konsistenz allerdings schon wieder etwas gefestigt.

Er hatte seinen Chefsessel fast erreicht, als die sieben Zwerge ihn bei ihrem Tanz umwarfen. „Hei-Ho, hei-ho, wie sind wir ja so froh .... wir singen hier mit dir ein Lied hei-ho, hei-ho ...!"

Er nahm nochmals einen, nur kleinen Zug, dann drückte er die Zigarette oder was immer es auch war, im Aschenbecher aus ... er hätte sich auch sonst die Finger daran verbrannt.

Als er sich auf der Wiese niedersetzte kam ein Zwerg auf ihn zu: „Kannst du uns den Takt zu unserem Tanz singen?"

„Na klar!", sagte er und sang monoton: „lá-lá-lá-lá-lá ..."

Und die Zwerge sangen: „Hei-Ho, hei-ho, wie sind wir ja so froh .... wir singen hier mit dir ein Lied hei-ho, hei-ho ...!" und tanzten.

Er konnte sich selber beobachten, wie er dort so auf der Wiese saß, die Zwerge ihn umtanzten und wie er: „lá-lá-lá-lá-lá ..."-machte.

So fand er auch wieder zu sich selbst .... wie er auf dem Fußboden seines Wohnzimmers saß, ein Mikrophon in der Hand, die Aufnahmetaste am Recorder gedrückt und wie er „lá-lá-lá-lá-lá ..." machte.

Er fetzte nur noch seine Klamotten vom Leib, dann legte er sich ins Bett und schlief unverzüglich, tief, fest und traumlos.

Am nächsten Morgen wurde er durch die sieben Zwerge geweckt, die ihr „Hei-Ho, hei-ho, wie sind wir ja so froh .... wir singen hier mit dir ein Lied hei-ho, hei-ho ...!" sangen.

Wortlos, grußlos stand er auf, entsorgte die Reste des Joints im Klo und machte sich tagfertig.

Die Straße vor seinem Haus kam ihm unnatürlich gewölbt vor. Dennoch war es heute ein schöner, heller, warmer Tag.

Bis zum Abend sah er immer wieder mal noch die sieben Zwerge, wie sie so tanzten und schrien „.... Hei-Ho, hei-ho, wie sind wir ja so froh .... wir singen hier mit dir ein Lied hei-ho, hei-ho ...!"

Seine Gabe, durch Wände fassen zu können, hatte sich gegeben. Er konnte sich auch nicht mehr in den Bauch fassen, um seinen Magen zu fühlen.

Einen Tag später sah er nur noch ein oder zwei Zwerge. Sie sangen auch nicht mehr sondern waren stumm, wenn sie allein waren. Nur zu zweit wisperten sie noch. Mal saßen sie auf dem Kühlergrill seines Autos, mal schaukelten sie im Ohrgehänge von Marina, mal saßen sie auf Danielas Schultern und mal flitzten sie einfach nur so und kaum noch als Zwerg erkennbar, durch seine Optik.

Und erst nach einer Woche waren sie ganz verschwunden und er lebte wieder sein stink normales, spießiges Leben, ohne sieben Zwerge, ohne Pegasus, ohne pinke Wiesen ...

Drei Kreuze
am 3./4.Oktober 2007

Ich bin vom Sinn des Bausparens nicht überzeugt. Dafür, dass ich alle zehn Jahre mal für meine Neffen und Großneffen im Garten ein Baumhaus baue, dafür brauche ich keinen Bausparvertrag. Ich hasse Geldanlagen. Und ich mag Fragebögen von Meinungsforschungsinstituten nicht.
Aber am meisten hasse ich Fragebögen von Meinungsforschungsinstituten über Geldanlagen und Bausparen!

Da ist ein „Nein – habe ich ich nicht, will ich nicht, werde ich mir auch nie zulegen" gar nicht vorgesehen!
Sowas hat man halt ... mächtige Aktienpakete, Wertpapierdepots und den Bausparvertrag für das Traumhaus, das man sich nun wirklich nicht ... NIE ... leisten kann.

Welcher Aussage stimmen sie zu, eins steht für vollständig, fünf für überhaupt nicht, dazwischen gibt es Abstufungen. Drei ist unentschieden!
Die Deutsche Bank ist mir sympathisch
Ihre Mitarbeiter sind mir vertraut
Ich vertraue auf die Aktienkäufe der Deutschen Bank.
Ich kaufe gern bei Joop

Die Hamburg Mannheimer ist ein vertrauenswürdiger Vertragspartner
In die Hamburg Mannheimer habe ich vertrauen.
Ich vertraue sehr der Hamburg Mannheimer
Wenn die Hamburg Mannheimer vom Markt genommen würde, würde ich das sehr bedauern
Welche der folgenden Unternehmen kennen sie und sei es auch nur dem Namen nach. Benutzen sie zur Abstufung die

oben genannte Skala zwischen 1 und 5:
Deutsche Bank, Hamburg Mannheimer, Deutsche Telekom
Haben sie in den letzten Wochen Werbung von diesen
Firmen bemerkt und wenn ja, wo?

Mh ... grübel ... machen die nicht ständig irgendwo
irgendwelche Werbung?
Wenn ich etwas noch mehr hasse, als Fragebögen zu
Bausparverträgen und Geldanlagen, ist es Werbung für
Bausparverträge und Geldanlagen! ... ich weiß nicht ... fast
jede Form von Werbung prallt mittlerweile an mir ab!
Stealth-Technologie halt! Was heute Norma im Angebot hat,
hat morgen Plus im Angebot. Ist also eh egal!

Also, hab ich da Werbung bemerkt? ... Mh ... Sollte ich? Ein
einfaches „Nein" ist mal wieder nicht vorgesehen, also
mach ich das Kreuz bei „weiß nicht".
Wann haben sie das letzte mal mit IHREM Finanzberater
gesprochen, vor weniger als vier Wochen, vor mehr als vier
Wochen oder mehr als einem halben Jahr?

Auch so'ne Frage. Sollte ich mir etwa schnell noch einen
Finanzberater zulegen? Einen von der Bank? Was soll der
mich beraten, bei 345 €uro minus Abzüge? Vielleicht so:
„Öhm Meesta, koofen se die Woche mal keen Schabefleesch
bei Aldi sondern jehn se dafür zu Netto, die haben det im
Anjebot. Ansonsten machen se halt mal ihre Buletten
vegetarisch!"

Wie viele Bausparverträge haben sie? Wo haben sie die?
Waren sie mit der Beratung zufrieden? Wohnen sie in einem
Einzel- oder in einem Reihenhaus? Wie viele Fenster hat ihr
Dach? Wie ist ihr Dach gedeckt? Hatten sie jemals einen
Dachschaden und wenn nein, warum nicht?

Hat ihr Finanzberater jemals über Bausparverträge mit ihnen gesprochen? Von wem ging die Initiative dazu aus? Wie war die Beratung?

Planen sie in nächster Zeit die Anschaffung größerer Haushaltsgegenstände?
Ja!
Was?
Eine Maschinenpistole!
Warum?
Um Verfasser von Fragebögen für Bausparverträge und Geldanlagen zu erschießen!

Nun warte ich ja auf den nächsten Fragebogen!
.... Vielleicht zum Thema .... Kultur?

Haben sie in letzter Zeit irgendwo gelesen?
Was haben sie gelesen?
Wie war die Reaktion des Publikums?
Warum haben sie nichts Lustiges gelesen?

***

Durchgängig geöffnet
am 14.12.05

Sie kamen wider aller Erwartungen, pünktlich. Ich musste nur noch den letzten Bissen Vollkornbrot mit dem leckeren „Norma-Fleischsalat", den ich mir immer noch durch eine dicke Schicht dreifach konzentrierten Tomatenmark verfeinerte, hinunterschlingen, schon stand ich an der Wohnungstür. Dieser letzte Frühstücksbissen hing mir noch quer, deshalb kam mein: „Ja bitte?" etwas gequetscht heraus.
„Hier sind die Maurer!" intonierte ein Duo auf der anderen

Seite der Tür in einwandfreiem, sächsischem Akzent.

Mich in das Unvermeidliche ergebend, öffnete ich, noch nicht unfreundlich. Allerdings kam mein Klos, den ich beim „Guten Morgen" im Hals hatte, nicht mehr vom Essen.

Mein trauriger Hundeblick war genauso echt, wie meine innere Verzweiflung!

Warum musste sowas auch immer ausgerechnet mir geschehen?

Aber, es war ja irgendwann mal auch abzusehen gewesen.

Ich wohnte in einer dieser Mietskasernen im Prenzlauer Berg, die noch in den Gründerjahren errichtet worden waren. Vorderhaus und die, heute großzügig „Gartenhäuser" genannten rechten, hinteren und linken Seitenflügel ... alles in allem 58 Mietsparteien. Nach dem Kriege soll mal was am Haus gemacht worden sein, ich wohne hier seit 23 Jahren, seit zwanzig Jahren wurde tatsächlich nichts mehr am Haus gemacht und nach der deutschen Einheit wechselten die Besitzer häufiger als der Regierende Berlins. Zur Zeit gehörten wir gerade einer Baubude, einem Konsortium oder Konglomerat aus über 40 Firmen .... alle Baugewerke vorhanden.

Vor vier Monaten gab es ein Rundschreiben mit dem Inhalt, wir als Mieter sollen uns darauf einrichten, dass bald was am Haus gemacht wird.

So schlimm dachte ich mir das dann auch nicht. Aber irgendwie, so klammheimlich, fast von einem Tag auf den anderen, war plötzlich ein Gerüst vor meinem Balkon erschienen.

Dann geschah erst einmal nichts.

Als ich dann eines Tages nach Einbruch der Dunkelheit nach hause kam, waren die Blumenkästen von meinem Balkon verschwunden und lagen, zerdeppert, im Hof, der Knöterich war von der Wand abgerissen, der

Maiglöckchenkübel umgekippt und meine vierjährige, selbst gezogene Kastanie war angeknickt.

Am Tag darauf wollte ich dieses Chaos auf dem Balkon schnell beseitigen, konnte aber plötzlich meine Fenster nicht mehr öffnen, da sie von Außen mit einer Haftfolie verklebt waren. Schon am nächsten Tag fand ich eine Ankündigung zwecks Austausch der Fenster in meinem Briefkasten.

Schön fand ich das alles nicht. Fast drei Wochen lang, bis zum heutigen Tag, hatte ich keines meiner Fenster öffnen können und ich hatte nun auch keine Ahnung, wie es JETZT auf meinem Balkon aussah.

Und natürlich machte ich mich vorher verrückt. Fenster ausbauen ist garantiert mit Staub und Dreck verbunden. Um mich selbst zu beruhigen und auch um möglichst viele Möbel aus den Fensterbereichen zu entfernen bzw. um Möbel abzudecken, brauchte ich Hilfe. Mir fiel sofort meine Geliebte, meine Antje, ein. Ich hatte Antje schon oft geholfen ... war mit ihr neue Möbel für ihre Wohnung kaufen, hab ihr ihre Möbel aufgebaut, hab im Urlaub ihre Pflanzen versorgt, Antje hatte also noch was gut bei mir .... glaubte ich. Aber ... Antje war NUR meine Geliebte und nicht meine Freundin! Soll heißen, sie hatte in den letzten Tagen ganz wichtige Sachen zu tun. Da waren ihre Weihnachtseinkäufe und die Weihnachtsfeier im Bundestag und der Kinobesuch mit ihrem Kumpel Micha und dann war ja auch hochinteressanter Sport im Fernsehen ... so Geräteturnen, Skihopsen, Basejumping und Powerquirling und so ... Na, jedenfalls Hilfe bekam ich von Antje nicht.

Peggy mit ihrer einjährigen Tochter Josephine und ihr Mann Marco boten mir statt dessen Hilfe an, obwohl Marco sicherlich, nach seinem Job, noch anderes zu tun hatte.

Ich war beiden sehr dankbar, nahm das Hilfsangebot an und genau deshalb war Marco gestern bei mir. Der versuchte mich auch zu beruhigen. „Wird schon nicht schlimm ... die machen ja ihren Dreck meist selber weg ..... wir haben ja auch alles gut in Folie gepackt .... da passiert schon nichts. ..."

Nun standen also die Bauarbeiter, pünktlicher als die Maurer, in meiner Wohnung. Als erstes wurde gemosert: „Wenn ihnen die Gardinen zerreißen, sind sie selber dran schuld!" ... Scheiße, doch was vergessen. Die Gardinen abzuhängen, war mir nicht eingefallen ... die hingen immer da ... aber, logisch .... jetzt halt auch im Weg.

Schon ging es los! Meine Wohnungstür wurde mit Hilfe eines Holzkeiles am selbsttätigen Schließen gehindert. Holzkeile hebelten auch die Balkontürflügel aus und ich sah zu meinem Entsetzen auf dem Balkon nur noch einen riesigen Schutthaufen. Ich war aber auch erstaunt, wie unkompliziert die Folie abging, die mich Wochenlang daran gehindert hatte, die Fenster zu öffnen oder gar Tageslicht in meine Wohnung zu lassen.

Dann kamen lange Brecheisen zum Einsatz.
Knirrsch – Kniiiirrrsch ... der erste Fensterrahmen war draußen und die erste Staubwolke in meiner Wohnung.
Krach – Knirsch – Knirsch .... die nächsten Fensterrahmen knackten weg. Nach Wochenlang nicht lüften wurde die Bude nun aber richtig durchgeblasen. Krach-Knirsch.
Alle Türen auf, alle Fenster raus ... meine Wohnung war nun wirklich „durchgängig geöffnet".
Hatte ich anfangs noch gehofft, den Bauleuten beim arbeiten zuschauen zu können, es macht ja immer Spaß, anderen bei der Arbeit zuzuschauen, war ich sehr schnell nur noch darauf bedacht, wenigstens nicht mehr im Weg herum zu stehen. Ich kam mir vor wie bei der S-Bahn ... ich stand im Zug!

Die Zugluft sorgte auch dafür, dass Staub und Dreck sehr gleichmäßig in der gesamten Wohnung verteilt wurden. Noch Stunden später knirschte es wegen des Staubes nach zwei, drei Atemzügen zwischen den eigenen Zähnen.

Ich fand auch den Zeitpunkt für den Einbau neuer Fenster sehr passend ... zehn Tage vor Weihnachten ... plus ein Grad (Celsius) in Berlin.

Die Zugluft verteilte nicht nur den Staub sondern auch die Kälte in den Räumen. Sehr schnell hatte ich zwei paar Socken an. Über die Jogginghose kam eine Jeans, über den Pullover die Weste, dann der Anorack.... ... ...

Ich war so sehr damit beschäftigt, mir nach und nach immer noch ein Kleidungsstück überzuziehen .... ich war so sehr damit beschäftigt, in der Zugluft zu frieren und im Staub zu husten, dass mir gegen zehn Uhr nicht auffiel, dass sich die Arbeiter wohl zum Frühstück in ihren warmen Bauwagen verdrückten.

Ich fror.

‚So stell ich mir den Hungerwinter 45/46 vor ... nur länger ...', dachte ich. Als die Arbeiter gegen Mittag wieder auftauchten, hatte ich selbst nun auch endlich einen Kaffee weg. Nun wurden die neuen Rahmen eingepasst und mit Silikon ausgeschäumt. Und wieder tat sich nichts. Ich fror. Am frühen Nachmittag, man hing endlich die Flügel in Fenster und Balkontür ein ... mittlerweile hatte ich gut sechs Stunden in der nun gut gelüfteten und gekühlten Wohnung zugebracht, rief Peggy an, um zu hören, wie es mir ging. „Peggy! Ich will hier raus! Ich will nach hause!" „Aber Rolf, du bist doch da zu hause?" „Nöö! Nicht in dieser Wohnung!"

Prima ... endlich konnte ich die Fenster wenigstens wieder schließen. Die Bauarbeiten waren damit aber noch nicht vorbei! Schnell wurden noch, bis zum Feierabend, neue Fensterbretter eingepasst.

Zu einer Zeit, zu der ich normalerweise bei der ARD-Soap „Sophie" vor dem Fernseher einpenne, machte ich mich, nun, da sich der Staub wohl gelegt hatte, an eine Schnellreinigung meiner Hütte. Folien abnehmen ... Staub ... Staub ... Hust ... Hust , Staubwedel, Staubsauger, der sich in diesem Falle allerdings eher als Staub-Aufwedler gebärdete, Eimer, Wischlappen ... Stunden nach der zermürbenden Reinigung stellte ich erneut Staub auf allen Flächen fest ... und zwischen den Zähnen knirschte es auch noch.

Ich war erledigt! Die Bude noch immer ausgekühlt und staubig, ich müde und zerfroren, also genau der richtige Augenblick, in dem mich mein Vermieter darüber informieren musste, dass nicht etwa morgen, wie verabredet, die Maurer nochmals kommen, um die Fenster richtig einzuputzen, sondern dass das erst nach Weihnachten, vermutlich sogar erst im neuen Jahr geschieht. Solange habe ich also noch um meine Fenster herum blankes, altes Mauerwerk und bröckelnden Putz. Die Maurer kommen dann spontan, bekam ich zu hören! .... Mal kieken, wie spontan ich dann im nächsten Monat meine Miete zahle!

Naja, dann also frohe Weihnachten!

Es dauerte tatsächlich ein ganzes Vierteljahr, bis die Maurer kamen und den Putz um die Fenster anzupassen!

***

Eifersucht
am 22.3.2014

Es ist unerträglich warm in meiner Wohnung. Meine Hände zittern. Ein brennendes Gefühl wälzt sich wie glühende Kohlen vom Hals mitten hinein ins Gedärm, dreht dort Kreise, Kreise, Kreise.
Verdammt! So war das nicht geplant. Freunde wollten wir sein. Gute Kumpels. Ist ja nichts dabei. Darauf kann man sich doch einlassen. Alles prima! Das Gefühl halte ICH doch garantiert vollkommen raus. Ich lasse doch keine Frau mehr an mich heran. Es kann nicht sein, was nicht sein darf!

Zum wiederholten Mal schaue ich bei Facebook nach. Ist sie denn noch nicht zu hause? Wo ist sie? Wo steckt sie jetzt? Bei wem ist sie jetzt?

Die glühenden Kohlen in meinem Gedärm drehen sich weiter, drehen stärker. Scheiß Eifersucht! Und ich dachte, ich sei mittlerweile jenseits von gut und böse. Ouzo, Rum und vier Flaschen Rotwein locken. Sie strecken ihre Arme zärtlich nach mir aus. Wenn ich da jetzt schwach werde, hab ich verloren. Alkohol verstärkt nur bestehende Gefühle. Also nur wenn es mir schon von hause aus gut geht, darf ich da ran. … Und dazu wäre jetzt der denkbar ungeeignetste Zeitpunkt.
Die Uhr scheint stehen geblieben zu sein. Die glühenden Kohlen kreisen weiter. Bei Facebook ist sie noch nicht.
Mir einzureden, dass sie wohl schon schläft, bringt mich nicht weiter, weil unweigerlich als nächstes die Frage kommt: mit wem?
Sie hatte da doch was von diesem Italiener erzählt, den sie so süß fand. Und … schitt, der ist wohl heute aus dem Urlaub zurück. Ist sie jetzt bei ihm?

Ruhelos wander ich durch die Wohnung. Fische füttern lenkt nur bedingt ab. Mein Kopf wird immer leichter.

Kann keinen klaren Gedanken mehr fassen.

Wen könnte ich denn jetzt anrufen, um auf andere Gedanken zu kommen? Mit Sabine hab ich vorhin schon zwei Stunden lang telefoniert. Anita wird wohl nicht mehr wach sein.

Ich tigere weiter durch die Wohnung, die mir viel zu klein und eng geworden ist. Der abendliche kleine Zugbett-geh-Tomatensalat will meine trockene Kehle nicht hinunter rutschen. Die glühenden Kohlen im Gedärm bleiben.

Der Fernseher lenkt genauso wenig ab, wie die DVD.

Zärtlich ruft der Ouzo nach mir, aber wenigstens da bleib ich hart.

Bei Facebook ist sie noch immer nicht.

Ich wandere weiter durch die Wohnung, mit glühenden Kohlen im Magen und trockener Kehle.

… und so vergeht die Nacht!…

***

Ein weißes Blatt
am 3./4.1.06

Ein weißes Blatt Papier
Liegt heute mal vor mir …
… so'n Quatsch … einzig dass der Bildschirm in der Mitte noch überwiegend weiß ist! Hier blinkt der Kursor, da der Pfeil … ständig wird man gefragt, ob man die Änderungen im Dokument auch wirklich speichern will …

Ist ja wie bei einer Hochzeit hier! „Ja, ich will!"

Früher war Geschichten schreiben noch irgendwie einfacher. Da hab ich mich einfach rangesetzt und losgekritzelt! Heute muss man det zwischendurch laufend speichern, die Rechtschreibprüfung ausmachen, weil man sonst irre wird wegen der ganzen roten Unterstreichungen, dann muss man sich einen Namen für das Word-Dokument aussuchen, weil man det Zeugs sonst später nie wieder findet.

Dabei, ... Namen sind doch nur Schall und Rauch!

Wie hieß die Kleene gleich? ... Ach, sag einfach "DU", det wird schon stimmen! War'se verheiratet, hatte'se Kinder? ... Wie war noch gleich ihr Vorname? ... Na, egal, Hauptsache die Haare liegen und die Leberwurscht schmeckt!

So, jetzt hat man einen Namen und man strickt um den Namen einfach nur noch eine Geschichte drum herum. Dazu braucht man nur einen Einfall ... am besten gleich einen Genialen!

Was hab ich denn letztens so erlebt? Weihnachten, Neujahr, Geburtstage, eine Fahrt mit der BVG.... worüber habe ich denn neulich über eine Stunde mit Tina gelacht? Das war doch sau-komisch! Aber, verdammt, ich komm nicht drauf!

Nun denn, um den Kopf frei zu blasen, gehe ich am besten mal eine Runde spazieren. Vielleicht hab ich ja dabei die rettende Inspiration!

Kein tödlicher Autounfall, kein Mord, keine Vergewaltigung in der Nachbarwohnung, keine Oma, die sich auf den Appel setzt, kein Kind, das sich beim Roller fahren die Zähne ausschlägt und kein Beziehungsdrama, das man live miterleben könnte ... !

Die Runde, die ich gehe, wird immer größer! Und es passiert nichts! Ausgerechnet heute passiert nichts!

Also wieder nach hause und den Fernseher an. Wie gehabt, ... die wirklich guten Themen scheint man heute vom Bildschirm verbannt zu haben! Kein Kinderschänderprozess, keine Toten in der Schwarzwaldklinik, keine Nazi-Schmierereien in Brandenburg, ... und Frau Merkel scheint wohl heute auch alles richtig zu machen!

Mist!

Ich könnte ja auch morgen noch was tippen und heute ein wenig meine Siedler quälen!

Aber, ich meine, ich weiß ja, wo das hinführt! Morgen hab ich unter Garantie auch nicht den genialen Einfall und übermorgen auch nicht und ich werde weiter meine Siedler oder die Sims quälen solange, bis ich überhaupt keine Einfälle mehr habe!

Dann schreib ich lieber gleich von dem leeren Blatt Papier, das hier vor mir liegt und ich habe wenigstens etwas!

Damit habe ich mir auch gleich wieder bewiesen, dass ich auch wirklich aus Nischt noch'n Text basteln kann.

Meine Erfahrung mit mir besagt, dass ich dann so gut gelaunt bin, dass mir nach Abschluss des Textes dann doch die geniale Idee für einen neuen Text kommt! Ist immer so! Ehrlich! Ich darf nur nicht auf die geniale Idee warten!

Getreu Albert Einstein:

"Nur wer NICHT sucht, ist vor Irrtum sicher!"

Und wo ist nun die geniale Idee?

***

Das ist gewissermaßen mein „a day in the live" von den Beatles – der Text hat eine Lücke, die man gern auch durch etwas anderes, als durch Gedichte, füllen kann.
Das „wuzi-guzi-wuzi-wuh" hab ich dem Film „Star Trek IV – zurück in die Gegenwart" entliehen.
Einer der Texte, die ich relativ häufig gelesen hab.

Eiscreme
Verschliffene Fassung
inspiriert von Lydia, Esther und Lutz
am 20./25./26.4.06 (Gedichte alle am 26.4.06)

Es war einer dieser wunderbaren, unvergesslich heißen Sommertage.
Ich schlenderte mit Tina gemütlich durch den Park, im kleinen Teich quakten die Enten, im Staub der Wege badeten Spatzen und von den Wiesen stank es nach Grillfleisch.

Flieder Frieda stand mit ihrem Blumenwagen am Springbrunnen und verhökerte Tulpen!

Da holperte der Wagen mit der italienischen Eiscreme an uns vorbei und blieb schließlich an der nächsten Wegbiegung unter einer alten Weide stehen. Der Verkäufer stieg aus dem Fahrerhaus, öffnete mit umständlichen Handbewegungen, die einem Ritual glichen, die Luke zur Ladentheke, steckte die Eis-Flagge in ihre Halterung und nahm schließlich, als er endlich im Eiswagen angelangt war, seine Handglocke und läutete.

Aus allen Himmelsrichtungen strömten nun die Menschen auf den Wagen zu.
"Gut gemacht!", sagte ich zu Tina und Tina nickte und meinte:

"Der wird hier sein Bombengeschäft machen!"

"Ja!", gab ich zurück, "Man sollte im Frühjahr sein Hartz-IV-Geld in Eiscreme-Aktien anlegen!"

"Oder in Brauerei-Aktien!", meinte Tina, womit wohl für heute unsere Gespräche über die Finanzmärkte der Welt abgeschlossen waren.

Warum auch nicht, dachten auch wir zwei und so reihten wir uns in die, schnell länger werdende Schlange mit ein.

Direkt vor uns stand eine junge Frau mit ihren schon sehr pubertierenden Kindern. Der Junge, ganz Junge in dem Alter, ignorierte alle Mädchen in seiner Umgebung. Sich mit Mädchen einlassen ist für einen zwölf-, dreizehnjährigen nichts. Da sind doch die Mädchen alle noch blöd, denn die kichern ständig wegen irgendwelcher Sachen, die man in diesem Alter als Junge eh noch nicht versteht.

Das Mädchen, wohl auch noch nicht ganz vierzehn, war sich hingegen seiner nun doch allmählich erblühenden Reize voll bewusst und flirtete mit den Augen mit allen möglichen männlichen Wesen der Umgebung, ihren jüngeren doofen Bruder und dessen Altersgenossen allerdings ausgiebig ignorierend.

Meine gute Tina schien dies alles nicht zu bemerken. Sie schmolz bei ganz anderen Kinder-Altersklassen dahin.

"Ist der nicht süß? Und dann mit der großen Tüte!", stieß sie mich in die Rippen.

Es dauerte eine Sekunde, bis ich begriff, dass sie nicht den sportlichen, kiffenden jungen Mann meinte, der unter der nächsten Pappel lag, sondern einen kleinen Jungen, der im Bug von seiner Mutter, mit einer großen Safteistüte davon geschoben wurde.

Tina jauchzte vor Vergnügen: "Sieh mal da, die beiden. So 'ne süß verschmierten Schnuten!" Und mit dem kleinen Mädchen im Kinderwagen etwas hinter uns unterhielt sie sich: "Wuzi-guzi-Wuzi-wuh!"

Vor uns indes entspann sich ein ganz anderes Gespräch, das ich nun mit wachsendem Interesse verfolgte!

Der Junge war eher aufgeregt: "Mama, kaufst du uns denn ein Eis?"

Die Mama: "Was denkt ihr denn, warum wir hier anstehen?"

Das Mädchen, sichtlich genervt von der blöden Frage des Bruders: "Drei Kugeln war doch abgemacht!"

Die Mama: "Ja Steffi!"

Das Mädchen: "Und das wird nicht vom Taschengeld abgezogen?"

Die Mama: "Nein Steffi!"

Der Junge: "Was wird vom Taschengeld abgezogen? ... Ich hab doch gar nichts gemacht!"

Die Mama: "Nichts wird abgezogen! Das Eis spendier ich euch!"

Das Mädchen: "Drei Kugeln!"

Die Mama: "Du nervst, Steffi!"

Neben mir kauerte unterdessen Tina vor dem fremden Kinderwagen: "Wuzi-guzi-wuzi-wuh!"

Das Mädchen vor uns verwandelte sich von einem angehenden Vamp in ein Kind auf Wuzi-guzi-wuzi-wuh-Größe und schnitt seinem Bruder Grimassen.

"Drei Kugeln! Wenn ich mal Kinder habe, werde ich die auch immer zu Eis einladen!" grinste sie.

Darauf die Mama: "Werde du erstmal erwachsen, Steffi."

Einen königlichen Hofknicks andeutend kam von ihr ein "Jui Madame!" ... und "Madame" äußerte: "Kannste den Quatsch mal sein lassen? Das wird deinem Bruder doch langsam peinlich!"

Der Junge: "Was? Was ist'n los?"
Die Mama: "Mönsch Paule, du bekommst auch garnischt mit!"
Der Junge: "Gibt's jetzt das Eis?"
Mutter und Tochter im Chor: "Ja gleich,Paule!"

Endlich, endlich waren vor uns nur noch zwei Leute, also diese dreiköpfige Familie und noch ein schüchterner, junger Mann, der seine noch schüchternere, noch jüngere Freundin nicht los ließ. Wie verwachsen ihre Hände.
Zack! Jeder ein Softeis und weg! ... und nun nur noch die Mama mit ihren halberwachsenen Kindern vor uns.

Das Mädchen: "Macht ihr schon, ich muss erstmal gucken!"
Die Mutter bestellte, der Junge bestellte, nur Steffi brauchte wohl noch etwas.
Der Eismann schwieg, die Mutter schwieg, Paule schwieg, ich schwieg, Tina gurrte ein "Wuzi-guzi-wuzi-wuh" und Steffi grübelte.

Die Mama: "Steffi, fängt das schon wieder an? Du hast zu hause nun schon nur noch zwei Paar Sommerschuhe und selbst da kannst du dich nicht entscheiden!"
Steffi: "Ja, Mama, aber ich muss doch noch überlegen!", kam es kleinlaut.

Spatzen tschilpten, Enten quakten, Flieder Frieda verkaufte einen Strauss Tulpen und Steffi konnte sich nicht entscheiden.

Die Mama: "Was ist denn nun? Haste nicht vorher schon mal geguckt, was die anderen so nehmen?"
"Da konnte ich doch gar nicht sehen, was hier noch so alles in der Theke liegt.", maulte Steffi.
Steffi schaute.

Ihr Blick wanderte in der Ladentheke von rechts nach links, von links nach rechts, von oben nach unten, von unten nach oben und selbst ich hatte unterdessen mitbekommen, dass der Eismann achtzehn Sorten Kugel- und zwei Sorten Softeis verkaufte.

Neben mir stand Tina. Die Nägel ihrer Hand krallten sich in meine Handfläche, woran ich merkte, dass auch sie wohl etwas angespannt war. Den Kopf hatte Tina aber schon wieder halb nach hinten gedreht. "Wuzi-guzi-wuzi-wuh!"

Die Schlange vor der Eistheke verharrte ansonsten still. Kaum ein Räuspern war zu hören, und Flieder-Frieda verkaufte zwei Sträuße Tulpen.
Dann brach es aus Steffi heraus: "Im Eis ist Milch?" "Si!", sagte der Verkäufer.
... Stille! ... Dann erneut Steffi: "Milch kommt von Kühen!" Der Verkäufer nickte.
Genau in diesem Moment kam die Mama auf die glorreiche Idee, die zwei schon allmählich schmelzenden Eistüten für sich und ihren Sohn zu nehmen und zu bezahlen.
In Steffis süßem Köpfchen indes arbeitete es. Man konnte fast Rauchwolken aufsteigen sehen.

Bis auf Tina's gelegentliches "Wuzi-guzi-wuzi-wuh" herrschte weiterhin gespenstische Stille und aufreibende Erwartung.
Die Mama agierte wieder: "Hier, Steffi, hast du zwei €uro! ... Paule und ich sind dann am Teich, Schwäne füttern!"
Steffis schaute erneut von rechts nach links, von oben nach unten. Und wir Kunden warteten!
... ...
Liebes Publikum! An dieser Stelle entsteht eigentlich ein Loch in der Geschichte, denn Steffi kann und kann sich

einfach nicht entscheiden, was sie nun will! Sie können sich jetzt also gern etwa anderthalb Minuten lang in der Nase bohren oder auf die Toilette gehen, mit mir flirten, zwanzig Liegestütze machen .... aber ordentliche, wenn ich bitten darf!

Falls ich hier einen Musiker mit auf der Bühne habe, kann der auch gern ein paar Takte Musik spielen und nur für den äußersten Notfall, falls wir gar nicht mehr wissen, was wir mit unserer Zeit jetzt anfangen sollen, bis Steffi sich endlich entschieden hat, habe ich als Lückenfüller drei Kleine Gedichte geschrieben, die überhaupt nichts, also garnichts, mit der Geschichte selbst zu tun haben!

Kuscheln

Mein lieber Schatz, komm bleib bei mir
An diesem schönen Morgen,
ich kuschel mich schön an bei dir,
wir haben keine Sorgen.

Dein Angesicht, so lieblich fein
Das möchte ich vernaschen
Und nach den Sonnenstrahlen klein
Möcht' ich im Bett jetzt haschen.

Der Duft, von deiner Haut verströmt
Mich liebestrunken töret
Was hoffentlich auch dich versöhnt
Und auch nicht weiter störet.

So kuschel ich mich an bei dir
Du raubst mir meine Sinne
Und nehm dich in den Arm zu mir
Schleich heute nicht von hinne.

126

Elfchen

Sie
Nicht da
Zu wenig Gefühl
Kann Sie nicht lassen
Sie

wieder mal ein Kneipengedicht

Wenn ick in die Kneipe gehe
Stundenlang am Tresen stehe
Eene Molle nach der andern
So in meinen Magen wandern
Find ick's immer wieder toll
Wenn et is im Laden voll.
Kumpels kommen und verjehn
Nur die Gläser bleiben stehn
Und erst früh am nächsten Morgen
Muss ick Jeld von Tina borjen.
Ja, so is det in Berlin
Nich nur wenn die Tulpen bliehn!
… … …
So, alle wieder da? Aufwachen! Die Geschichte geht weiter!
Mama und Paule waren schon außer Sichtweite, als auch der
Eisverkäufer endlich etwas tat. Mit flehendem Blick
säuselte er zu Steffi: "Kannst du dich mal ein bischen an den
Rand stellen, damit andere schon was kaufen können? Ich
nehme dich sofort ran, wenn du weißt, was du für Eis
willst!"
Wenn Blicke hätten töten können, so die von Steffi in
diesem Moment. Aber sie gab nach, stellte sich an den Rand
der Theke, mit ihren Augen noch immer etwas suchend und
ich konnte Tina endlich ein Eis spendieren.

Ich nickte so huldvoll, wie der Papst bei seiner wöchentlichen Massenaudienz.

„... und dann habe ich mit der Frau Müller auch noch gesprochen, ... die ist ja sooo nett, die Frau Müller. ..."
Erneut nickte ich huldvoll und verständig.

„... also wirklich, Herr Gänsrich, sooo nett ist die und sie hat mir auch selber gesagt, dass sie nett ist. ... Die Frau Müller will wirklich nur unser bestes, Herr Gänsrich, das soll ich allen hier im Haus sagen, die Frau Müller ist eine gaaanz liebe und nette, wissen sie ..."
Einzig, um mir das Grinsen zu verkneifen, lächelte ich weiterhin huldvoll und verständig.

„... so nett ist die! ... Und sie will wirklich nur unser Bestes, das sagte sie ja selber immerzu ... !"

Auch nach einer halben Stunde war Frau Müller, unsere Vermieterin, noch immer, irgendwie, nett! Das musste man aber auch meiner Nachbarin Elke lassen. Die ließ sich von niemandem beeinflussen und fand Frau Müller einfach nur nett!

Zweimal machte ich zwischendurch den halbherzigen Versuch, von Elke noch mehr zu erfahren, aber Elke war viel zu aufgeregt, denn immerhin hatte unsere, NETTE, Vermieterin mit ihr, Frau Elke Schmidt, persönlich ein paar ganz nette Worte gewechselt. ... Wie nett ... .

Nach den, mir fast schon endlos erscheinenden, gut dreißig Minuten erklärte ich Elke, dass mein Salat, den ich mir zum Mittag gemacht hätte, sicherlich langsam welk würde und sie deshalb, damit ich nicht einen halb welken Salat zu essen brauchte, jetzt gehen müsse.

Einige Tage lang lachte ich noch, wegen dieses Vorfalles, in mich hinein, jedes mal, wenn ich Elke sah ... heute fand ich indes eine saftige Mieterhöhung von unserer netten Vermieterin im Briefkasten.
Wie nett...!

***

Endlich
am 31.3.2014

Endlich hab ich das Pedant gefunden
endlich ist die Erde rund.
Meine Seel nicht mehr geschunden
lieblich lächelnd lockt ihr Mund!

Endlich kann ich richtig reden
Endlich Fehler eingestehen.
Träumen von 'nem bess'ren Leben,
sehe jubelnd Fahnen wehn'.

Endlich kann ich das was gestern,
abstreifen wie'n Winterschal,
kann mit ihr über'n Nachbarn lästern,
still zu halten war 'ne Qual!

Endlich will ich Rosen pflücken,
nicht für sie, sondern Regina.
Mag nach grünem Klee mich bücken,
für Benina und Christina.

Endlich find' ich wieder zu mir,
aus dem ganzen funktioniern.
Brauche nicht mehr kommen zu dir,
es ist aus mit räsonieren.

Endlich tickt mein Herze richtig,
endlich seh ich wieder klar,
Alles andere ist nichtig,
Sie ist einfach wunderbar!

***

Entwicklungshilfe
am 16./17.5.06

Ogambo Mumlumba trat einen Schritt zurück und betrachtete kritisch sein Werk. Nun ja, ein Kamel würde er dafür nicht gerade bekommen und eine zweite Frau schon gar nicht, aber es sollte ja auch nicht schön sein, was er da fabriziert hatte, sondern vor allem einem Zweck dienen. Dabei kam es auf die hier nicht sichtbaren Werte an und die, da war er sich sicher, stimmten hier. Tage, nein über Wochen hinweg hatte er sich um kaum etwas anderes gekümmert, als um dieses Ding. Jetzt stand es da und war so hässlich.

Während er noch immer so seine fast fertige Trommel, bei der nur noch die Bespannung fehlte, betrachtete, betrat seine Frau die Lehmhütte, um ihm sein Essen zu bringen. Bei den traditionellen Gambia-Leuten war es Sitte, dass Mann und Frau in getrennten Hütten wohnten. Nachdem sie sein Kous-Kous in gebührendem Abstand von ihm abgestellt hatte, betrachtete auch sie seine Arbeit.
"Ha-ha! Und damit hast du zwei Monde zugebracht? Ha-ha!", gluckste sie. "Ich weiß gar nicht, was du hast!", log er. "Du bist ja noch weniger Wert, als dein nichtsnutziger Bruder! Ich lass mich heute noch von dir scheiden und heirate morgen ihn!" Damit schlüpfte sie gewandt aus seiner Hütte, und er hörte sie draußen immer leiser werdend singen: "Eloa wird Häuptlingsfrau! Eloa wird Häuptlingsfrau! Eloa .... "

Missmutig verließ auch er, ohne einen Happen zu sich genommen zu haben, seine Hütte. Die Finger in einander gehakt und ohne sich seine Eile anmerken zu lassen, schlenderte er, jeden der ihm begegnete freundlich grüßend, dem Rand des kleinen Dorfes entgegen. Von fern hörte er noch immer seine Frau singen: "Eloa wird Häuptlingsfrau! ..." Gut, dass er nur eine Frau hatte, mit der wurde man notfalls noch fertig, aber mit Zweien ... daran wagte er nicht im geringsten zu denken.

Der Pfad schlängelte sich am Fluss entlang den Wiesen entgegen. Auf den Sandbänken in der Flussmitte sonnten sich, mit weit aufgerissenem Maul, die Krokodile.
Als er die Wiesen erreichte, musste er nur noch eine dichte Hecke aus abgehackten, dornigen Akazien-Zweigen überwinden. Die kleinen Jungs, die hier die Ziegen des Dorfes hüteten, bemerkten ihn zwar, aber nur der kleine Gando kam, nackt, schwitzend, auf ihn zugerannt.
"Ich habe eine für dich gefunden, Fa, die dir gefallen wird!", rief er schon von weitem. Ogambo nickte bedächtig. Er hatte einen guten Sohn.
Er ließ sie sich ihm zeigen, dann fing er sie ein und während er sie blitzschnell mit seinem Dolch tötete, schickte er ein Gebet zu Allah.

Ihm opferte er das Blut der jungen Ziege. Dann schlug er sie aus dem Fell, gab die Innereien den Hütejungen, brachte das magere Fleisch zur Hütte seiner, sich noch immer eins feixenden, Frau und spannte dann das Ziegenfell zum trocken in der Sonne auf.
Bereits am Abend war es soweit getrocknet, dass er es weiter verarbeiten konnte. Die Öl-Lampe in seiner kleinen Hütte rußte die halbe Nacht lang, dann hatte er sein Werk wirklich vollendet.

Bereits am nächsten morgen bewunderte das ganze Dorf den herrlichen Klang seiner, optisch ach so hässlichen Trommel. Und so trommelte er und trommelte er ....

- - -

Ich erwachte, weil Tina mich küsste. Das sonst am morgen gewohnte Wumm-wumm-wumm aus der Wohnung schräg unter uns, in der die Senegalesen wohnten, fehlte mir heute. Tina lag in meinen Armen. "Sag mal", fragte ich "was machen eigentlich die Afrikaner?"
Darauf Tina: "Du, die sind heute unterwegs! Die wollten für deinen O.K.beat trommeln!"

***

Ein Text, den ich relativ häufig auf der Bühne lese. Ich binde dabei immer das Publikum ein, das dann eine Ladentür imitieren muss.

Er, Sie, Es (der Kugelschreiber-Blues)
am 29.1.2007
Vielfach verstellte Stimmen

Szene 1 – eine Ladentür wird geöffnet – Bll-lll-lm
Er: „Guten Tag, ich hätte gern einen Kugelschreiber!"
Er-II, primitiv, lispelnd: „Ha-ick nich! Jeh ma sum Schusta neb'nan! Der hat ooch keene! ... Hö-hö!"

Szene 2 – eine Ladentür wird geöffnet – Bll-lll-lm
Er: „Guten Tag, ich hätte gerne einen Kugelschreiber!"
Sie: „Tina! Wat kosten die Kondome?"
Er: „Sie verstehen nicht, mein Fräulein! Ich hätte gern einen Kugelschreiber!"
Sie: „Sag ick doch! Tina! Wat kosten denn nun die Kondome, oder soll mir der Herr hier den Preis noch selber sagen?"

Er: „Haben sie denn nun hier Kondome ... äh ... Kugelschreiber, oder nicht?"
Sie: „Wer weiß, was ich hier alles habe?"

Szene 3 – eine Ladentür wird geöffnet – Bll-lll-lm
Er: „Guten Tag! Ich hätte gern einen Kugelschreiber!"
Sie: „Was für einen denn?"
Er: „Einen der schwarz schreibt! ... Also eigentlich reicht mir auch eine Mine! Eine schwarze Kugelschreibermine bitte!" Sie: „Was? Nur eine?" Er: „M-hm!" Sie: „Für welchen Kugelschreiber denn?" Er: „Naja, so für einen normalen!" Sie – entrüstet: „Da gibt's ja tausend Sorten ... und einzelne haben wir sowieso nicht!"

Szene 4 – eine Ladentür wird geöffnet – Bll-lll-lm
Er: „Guten Tag! Ich hätte gerne EINEN Kugelschreiber ... oder besser: nur eine schwarze Miene!"
X: „Guten Tag, das hätte ich auch ganz gern mal ... eine schwarze, laaange Mine!" Er: „Ich möchte nur einen schwarz schreibenden Kugelschreiber!"
X: „Klaus-Dieter, hier ist ein Mann für di-ich ... und er möchte nur einen Kugelschreiber! .... Komm, zieh deine Pumps an! ... Husch-husch! Bis er kommt, Klaus-Dieter kommt bei mir sowieso immer sehr oft ... Klaus-Dieter, kommst du grade? Lass dir ruhig Zeit, ich werde schon mit dem Herren hier fertig. Also, wie sie sehen, haben wir hier die Minen, ich zeig sie ihnen mal! Das sind lange, dünne, dies kurze, breite ... na halt, wie im richtigen Leben. ... Und hier haben wir auch noch Kugelschreiber ... pinke, violette, schweinchenrosa, mit und ohne Puschel ... Haben sie denn ihren Stift dabei? ... Ach ich Dummerchen, das seh ich doch ... und was für einen ... Puschel sie haben ... Klaus-Dieter beeil dich. Du kannst auch hier vorkommen! Das Problem ist, dass keine dieser Minen in einen dieser Kugelschreiber passt! .... Das ist wie im richtigen Leben ...

so viele Stifte und keiner passt wirklich! ... Ach, mein Guter, sie brauchen gar nicht zu gähnen! Langweile ich sie etwa?" Er: „Ich wollte doch nur eine schwarze Kugelschreibermine!" X: „Husch-husch, sie böser, böser Mensch sie! Hinfort mit ihnen!"

Szene 5 – eine Ladentür wird geöffnet – Bll-lll-lm
Er: „Guten Tag ... sie ... sie ... ich hätte gerne eine schwarze Kugelschreibermine oder einen schwarz schreibenden Kugelschreiber!" Sie: „Sehr gern! Für welche Marke hätten sie die Mine denn gern?" Er: „Na, was gibt's denn da so?" Sie: „Von Pelicano über Leitz bis GeHa ist alles da!" Er: „Na so für so'n normalen Kugelschreiber halt ... wie man ihn so mal geschenkt bekommt! ..." Sie: „Also da gibt's dann schon noch verschiedene Größen!" Er: „Ich dachte immer, in der E.U. sei alles durchgenormt!" Sie: „Ja, aber da gibt's dann noch das englische Maß, die polnische Ausnahmegenehmigung bis 2028, das Sondermaß U.H.R.4 oder die portugiesische Regelung! ... Nur so als Beispiel!"

Szene 6 – eine Ladentür wird geöffnet – Bll-lll-lm
Er – schreiend: „Guten Tag!!! Ich möchte keine schwarze Kugelschreibermine und auch keinen schwarzen Kugelschreiber!!!"

Das ist auch einer von denen, die im Wortsinne häufiger über die Bühne gehen.

***

Erwachet
am 24.2./5.4.06

Mitten in der Nacht läutete es an meiner Wohnungstür. Ich schreckte aus dem Schlaf. Es läutete erneut. Ein Blick auf die Uhr zeigte mir: halb acht Uhr morgens, also wirklich noch mitten in der Nacht. ... Da musste aber jemand einen verdammt guten Grund haben, mich so aggressiv aufzuwecken, denn es läutete nun schon zum dritten mal. Schlaftrunken patschte ich barfüßig über den kalten Laminatboden des Flures und ging an die Wechselsprechanlage. Auf mein gebrummtes "Is'n?" flöteten zwei blonde Frauenstimmen fröhlich ein: "Erwachet!"

"Ja, ja, bin ich schon. Und weiter?", giftete ich.

"Wir möchten mit ihnen über die Evolutions-Theorie sprechen! Können wir zu ihnen rauf kommen?"

"Nööö!", wehrte ich ab, "Ick hab noch nischt an!"

Unten kicherte es: "A-hü-hü-hü! Also so, wie die Natur sie erschaffen hat, ja? ... A-Hü-hü-hü!"

"Jenau!", fluchte ich.

"Können wir denn so mit ihnen reden?" und ohne eine Antwort abzuwarten, sprachen sie wechselseitig weiter: "Alles begann vor Milliarden von Jahren mit dem Urknall ..."

Da ich aus den Augenwinkeln sah, dass sich im Zimmer schräg hinter mir etwas bewegte, verließ ich meinen Horchposten an der Tür und eilte ans Bett.

Oh mein Gott! Es bewegte sich! Es lebte! Die Bettdecke wurde zurückgeschlagen, Tina setzte sich auf und gähnte ein: "War'n los?" Wer sagte, dass Schlaf schön mache, irrt. So, wie Tina jetzt aussah, erinnerte sie mich eher an das Märchen von Hänsel & Gretel, ... genauer gesagt, an die

137

Hexe. Wirr standen ihre Haare in alle Richtungen, das Make up blätterte ...

Schnell schlüpfte ich zu ihr unter die kuschelige Bettdecke, schloss die Augen und erzählte ihr, was vorgefallen war.

Ich erwachte, weil ich ihre Wärme vermisste ... und weil das Telefon klingelte. Tina am anderen Ende:

"So, kannst jetzt auch aufstehen, ist schließlich schon halb neune. Ich bin bereits auf dem Weg ins Büro und weißt du, wen ich unten am Haus getroffen habe? Nein? Zwei junge Frauen, die sich mit irgendjemand über die Klingelanlage unterhielten. Sie sprachen über Amöben und Würmer und solche Dinge."

Fluchtartig ließ ich den Hörer fallen und eilte an die Wohnungstür: "... Das war das Ende von Triceratops!", sagte eine der Stimmen. Noch bevor die andere Stimme wieder einsetzte, meldete ich mich: "Danke die Damen, sie haben mir sehr geholfen, aber ihren Wachturm kaufe ich nicht." "Dürfen wir wiederkommen?" "Ja, ja!", murmelte ich und stürzte zurück ans Telefon, um das Gespräch mit Tina zu beenden.

Ich hätte diesen Vorfall sicher bald ad Ad acta gelegt, wenn ich nicht einige Tage später erneut früh morgens aus dem Schlaf gerissen worden wäre, weil irgendein Hornochse wie wild die Klingel direkt an meiner Wohnungstür malträtierte. Ich linste durch den Spion an der Tür, was wohl von außen nicht unbemerkt geblieben war. "Erwachet!", sangen beide. "Ja, ja, Moment!", brummte ich, patschte die zwei Schritte ins Bad, griff mir ein Handtuch und schlang es mir um die Lenden. Dann legte ich die Sicherheitskette der Wohnungstür an, öffnete sie nur genau so weit, wie diese Kette es zuließ und lukte durch den Spalt.

"Wir sind wieder gekommen!", sagten beide. Ich nickte sprachlos. "Wir wollen mit ihnen über die Evolutionstheorie sprechen.", sagten beide. "Na, denn los!", sagte ich. "Ich hab aber nicht viel Zeit."

"Es begann alles vor Milliarden von Jahren mit dem Urknall. ..."

Von dem weiteren Vortrag bekam ich nicht mehr viel mit, weil ich damit kämpfte, mein Badetuch am herunterrutschen zu hindern.

Als schließlich Tina eine halbe Stunde später munter wurde, stand ich noch immer fröstelnd, auf dem Laminat im Flur, eisern die Contenance wahrend, mit meinem Badetuch um die Lenden. So froh wie an diesem morgen war ich noch nie, wenn Tina das Bett verließ. Artig bedankte ich mich bei den beiden Damen auf dem Flur. "Ich muss denn jetzt auch los!" "Können wir ihnen denn ein Buch von Charles Darwin verkaufen?", fragten sie enttäuscht nach. "Nee, heute nicht.", gab ich zu verstehen.

Die beiden Damen hingegen hatten mich wohl wieder falsch verstanden.

Schon am nächsten Morgen standen beide erneut vor meiner Wohnungstür. "Es begann alles vor Milliarden von Jahren mit dem Urknall. ..."

Allmählich gewöhnte ich mich an beide Besucher. Tina stand dadurch immer früher auf, gesellte sich schließlich, halbnackt, auf dem Flur zu uns, reichte allen Getränke, stellte für uns alle Campingstühle auf und lauschte täglich eine halbe Stunde dem Vortrag der beiden Damen. Selbst Nachbarn aus dem Haus kamen schon bis auf unseren Treppenabsatz, weil es sich herumgesprochen hatte, dass bei uns jeden morgen etwas los sei und brachten Kaffee, Toast und Marmelade mit.

Eines Morgens stand sie direkt vor mir, die süße Kleine, mit den Grübchen in den Wangen. Mit dem Gruß "erwachet" hatte sie mich aus dem Schlaf gerissen! 'Die könnte mir ruhig öfter mal den Schlaf vertreiben!', dachte ich.

"Ich möchte mit ihnen über die Evolutionstheorie sprechen!", sagte sie. Da wurde ich richtig wach! Natürlich stand die Kleine nicht neben meinem Bett, aber, verdammt, heute wollten meine Eltern hier vorbei kommen. Meine Mutter würde wieder nörgeln: "Nicht richtig abgewaschen, der Staub liegt schon drei Meter hoch, Fenster könntest du auch mal Putzen, nach all den Jahren.... ...." Und mein Vater würde sich der Nörgelei anschließen mit: "Hast du noch immer keine Arbeit! ... Das IKEA-Regal hätte ich schon längst zusammengeschraubt. ... Das Licht im Bad flackert. ..." Und auf einmal wusste ich, was ich zu tun hatte!

Kurzerhand lud ich die beiden Evolutions-Theoretiker für den Nachmittag in meine Wohnung ein, zufällig zur selben Zeit, wie meine Eltern.

Meine Eltern hatten meine Wohnung kaum betreten, als sie von den beiden Damen, bei Kaffee und Kinder-Erstickungskuchen über Darwin aufgeklärt wurden. "Es begann alles vor Milliarden von Jahren mit dem Urknall. ..." Nach nur einer Stunde und ohne irgendwelche Bemerkungen über meine Wohnung gemacht zu haben, gingen meine Eltern freiwillig ... und das, wo der Vortrag doch erst richtig interessant wurde, denn die Amöben vermehrten sich erst jetzt! Als Tina vom Einkauf kam, waren wir schon bei den Makaken.

Trotzdem wir auch dieses mal nicht bis zur Entstehungsgeschichte des Menschen gekommen waren, bedankten sich beide wieder bei mir. "Sie lassen uns unseren Vortrag immer so schön üben!"

Irgendwann kamen Journalisten von Film, Funk und Presse morgens mit auf den Treppenabsatz oder Nachmittags zum Komplettvortrag in meine Wohnung. Seitdem wird über Einstein und Darwin, Urknall, Raum und Zeit, Makaken und Triceratops in den Medien berichtet und allmählich glaube auch ich an die Evolutions-Theorie!

***

Feinst Liebchen ...
am 20./27.9./6.10.07

Warum, feinst Liebchen, schaust du so?
Ich möcht' dich nicht mehr missen!
Bin ganz verrückt nach deiner Seel'
Und auch nach deinen Küssen.

Dein Mund, so herrlich rot und süß
Erwartet meine Lippen
Erwartet, dass ich dich jetzt küss
Und will auch darum bitten.

Feinst Liebchen, mag dich, wie du bist
An jedem aller Tage
Und dass du nur allein mich küsst,
das steht wohl außer Frage.

Nun lass uns miteinander gehn'
Zusammen auf dem Wege
Und ewig Liebesschwüre flehn'
So lange wie ich lebe.

***

Finger verbrannt
am 30.3.2014

Das Liebchen, dieses liebe Liebchen,
das ist ein wunderbares kleines Diebchen!
Sie schlüpft ganz zart ins Herz dir rein
macht dich betrunken, wie der Wein.

Sie schaut aus deinem Herz heraus,
legt ihre Stirne etwas kraus
und flüstert Dinge dir dann ein,
wie diesen zarten, süßen Reim.

Sie macht, dass du nicht essen kannst,
dass du dich voll in sie verfranzt,
dass du Gedichte schreibst, wie dieses
und nicht mehr so ein blödes, fieses.

Sie kokettiert mit ihren Augen,
wird wohl den Verstand dir rauben.
Sie sagt mit ihrer hellen Stimme,
„Ich brauche Zeit, geh heut' von hinne.

Doch morgen sehen wir uns wieder.",
sie klimpert mit der Augen Lieder,
wippt ein wenig mit der Brust,
dass du bekommst die richt'ge Lust.

Sie schwebt hinfort mit ihrem Busen
und du, du möchtest nur noch schmusen.
Und du verbrennst dich, immer neu,
wärst viel zu gern mit ihr im Heu!

Das was dies Liebchen mit dir macht,
das ist, wer hätte das gedacht,

dass du dich aufführst, wie ein Kind,
so wie ein Herbstblatt froh im Wind,
du taumelst, schwingst, du wehst herum
und fragst dich, bist du plötzlich dumm?

Das Liebchen liebenswertes macht,
es hüllt dich ein schon in der Nacht,
Es weckt dich auf mit frohem Lächeln
und du wirst Liebe zu ihr fächeln.
Das Liebchen lächelt in sich rein,
so schnell kann Liebe für sie sein.

***

Frau Kunigunde
am 19. + 23.10.2015

Es sammelt sich, in schöner Runde,
die Lehrerin Frau Kunigunde,
mit ihrer Schüler großer zahl
zu Weihnachten, wie jedes Jahr,
in ihrer Schule , süß und fein,
die lieben, braven Kinderlein.

Bei Tina wars mal wieder so,
im Geiste war sie irgendwo,
doch niemals hier im Unterricht,
so Kunigundes Lehrbericht.

Der Axel war mal wieder laut,
weil er sich gern mit andern haut.
Dann war da wohl auch noch der Fritz,
mit seinem ganz speziellen Witz,
der immer dann etwas wohl sagte,
wenn man ihn gerade gar nicht fragte.

Frau Kunigunde stellt am Ende fest,
dass es sich trefflich lehren lässt.
So lang die Kinder sich nicht schneiden,
lässt alles andere sich vermeiden.

Und Weihnachten, wird klar gestellt,
auch dies Jahr auf den 24. fällt.
So schnell vermittelt ist das Wissen,
Frau Kunigunde wills nicht missen.

***

Den folgenden Text lese ich immer mit verstellten Stimmen, mit meiner richtigen und mit meiner Kopfstimme. „Frau Müller" ist so der „Dauerläufer" unter meinen Texten. Der funktionierte bisher immer! Bei der Bibliotheksbesetzung in der Senefelder Straße 2007 haben Groß und Klein, wenn auch an unterschiedlichen Stellen, gelacht, bei meiner Solo-Mauerparklesung 2012 hat das halbe Umfeld mitgelacht ...

Frau Müller
am 30.9.05 – Schliff für das Buch am 19.7.2020
(angehobene Stimmlage im Wechsel SIE + ER)

„Hallo, schön dass sie schon da sind! Kommen sie rein!"
„Ja, gerne, aber ich hatte eigentlich um 9.30 Uhr einen Termin bei ihnen!"

„Das macht garnichts! Ein bisschen warten ist doch nicht schlimm!"
„... ja, aber über zwei Stunden ..."

„Nun setzten sie sich mal. ... Sie sind ... äh ... Frau .... Müller!"
„Ich bin Herr Müller, wie sie sehen können."

„... Mit Ü oder mit U-E?"

„Mit Ü bitte ... und zwei L!"

„A-hü-hü-hü ... Hach, das hätte ich mir doch fast denken können! ... Warten sie mal ... wir haben sie gleich in den Unterlagen ... wissen sie, diese neue Software, die hakt noch an allen Enden! ... Hü-hü-hü! ... Ach da sind sie ja schon, ... Herr Gundolf Müller, mein 9.30 Uhr Termin ... warten sie, ich trag sie rasch ein ... Haben sie denn lange warten müssen?"

„Ja, äh ... gut zwei Stunden."

„Na, zum Glück haben wir ja draußen die Getränkeautomaten! – Ahü-hü-hü! - Sie sind geboren .... am 31. Februar 1961...?"

„Nee, das kann nicht sein! Der Februar hatte schon immer nur 28 Tage! ... am 28. Februar, das stimmt, 28. Februar 61!"

„A-hü-hü-hü, dann muss ich das mal in meinen Unterlagen verändern! ... Aber ihre Anschrift stimmt noch? Schulze Straße 84?"

„Also im Prinzip stimmt das schon, ... ich wohne da schon seit über zwanzig Jahren, aber die Straße ist umbenannt worden, ... schon vor acht Jahren."

„A-hü-hü-hü, hätten sie uns das nicht gleich mitteilen können?"

„Das hab ich damals gemacht ... außerdem dachte ich, hier auf dem Bürgeramt wüsste man von der Umbenennung ...."

„Warten sie mal, ... ahü-hü-hü ... ich schau mal rasch in den Unterlagen ... Sekunde ... ja, wissen sie, diese neue Software, die klemmt laufend ... a-hü-hü-hü ... da, da hab ich sie schon, ... ja stimmt, Schulze Straße 83 wohnen sie."

„Nein, ich bin mir sicher, dass ich in der Schulze Straße 84 wohne!"

„Ach ... a-hü-hü-hü ... in der Schulze Straße 83 wohnt ja auch gar kein Müller! ... So, Herr Müller, jetzt haben wir es! ... Warum sind sie heute hier?"
„Sie haben mir den Termin geschickt! Ich soll mich heute bei ihnen melden!"
„A-hü-hü-hü .... warten mal bitte einen Augenblick ... ich will mal schnell in den Unterlagen .... sowas, ... so Termine und so, sowas macht sonst ja meine Kollegin. ... Da hab ich es! ... Sie sind heute hier wegen der Unterlage P2!"
„ ... ???"

„Haben sie keine Ahnung?"
„Nöö! ... Aber .... warten sie mal, ich habe ihnen vor einem halben Jahr mal die neue Mieterhöhung ... aber darauf haben sie mir ja schon geantwortet ... Nöö, keine Ahnung!"

„Sekunde ... ahü-hü-hü ... ich telefoniere mal schnell mit meiner Kollegin, vielleicht weiß die ... sie können ruhig hier bleiben, Herr Müller .... Hallo Sabine, ... Ja Sabinchen, ich bin es ... weißt du, was es mit dem Formular P2 auf sich hat? ... Ach, das hab ich schon in meiner Ablage! ... Danke meine Gute ... ja, nachher zum Mittag in der Kantine ... a-hühühü ... byechen ... So Herr ... äääähhhh ... Müller ... gleich haben wir es ... es ist in meiner Ablage ... Und sie haben wirklich keine Ahnung?"
„Nee, ick versichere ihnen, wirklich nicht ...!"

„Also in diesem Ordner ist es nicht ... Sekunde mal ... hier auch nicht ... ich schau mal eben noch in meinem Fach nach .... Ausgang ... Eingang ... erledigt ... da, da ist es! ... Was ist denn das? .... Hirsemer-hirsemer-hirsemer .... bla-bla-bla .... Hirsemer ....Ach so! ... Aaach so! ... A-hü-hü-

146

hü ... Sie müssen hier auf diesem Formular P2 noch ein Kreuz machen....weil ihre Straße umbenannt wurde ...!"
„Aber das hab ich ihnen doch längst mitgeteilt....!"

„Sie kennen doch die Bürokratie in Deutschland, Herr ... äh ... Müller ... ahühühü ... ja, äh, hier das Kreuz .... das können sie sich noch durchlesen .... und .... ähm ... hier noch unterschreiben, ... weil, sonst hätten wir das Kreuz ja auch selber machen können ... ahühühü .... die ist für sie, die ist für meine Ablage, das ist die Kopie für die Ordnerablage ..... Danke, das war es schon! Auf ...."
„Ja, ich hab da aber noch eine ..."

„Na, sehen sie mal, Herr ... ähm ... Müller ... sie haben jetzt, mit diesem Kreuz bestätigt, dass sie es selbst wissen, dass sie in der Schulze Straße und nicht mehr in der Meier Straße wohnen! Das war es schon! Oder haben sie sonst noch Fragen?"
„Ja, ich hab ... sie werden sicherlich darüber lachen .... ich hab da noch eine ganz KONKRETE Frage ... ähm ..."

„Tut mir leid, Herr ... äh ... Müller ... ahühühü ... für ganz konkrete Fragen bin ich JETZT nicht zuständig ... da müssen sie sich in der vierten Etage in den Wartebereich C setzen ... Auf wiedersehen Herr Müller!"

***

Frisches Fischbrötchen
am 4.3.2014 – Erstvortrag im O.K.beat am 6.4.2014

Was ich neulich beim Ausfahren der Zeitung, für die ich schreibe, in einem Fischladen in Weißensee erlebt hab, ich mit 'nem Mietwagen halb im Parkverbot stehend, muss ich euch schnell mal erzählen.

Also es ging darum, gut zehn Zeitungen in diesem Fischladen abzulegen und mir dort nebenbei schnell noch fürs Frühstück auf dem nächsten Parkplatz, den wir als nächstes anfahren würden, ein leckeres Fischbrötchen zu holen. ... Keine Slapstick von Laurel & Hardy, sondern leider wirklich so erlebt!

Vor mir im Laden nur eine einzige Kundin! Die Verkäuferin aber mit mir im Laden dann schon mächtig gestresst.

Die Dame vor mir war gerade dabei, sich einen Fisch aus der Theke auszusuchen. Der entglitt der Verkäuferin beim Vorzeigen und fiel zu Boden. Darauf hin wollte die Dame vor mir diesen einen Fisch nicht mehr und die Verkäuferin dackelte nach hinten ins Lager. Ungelogen knapp fünf Minuten später, ich war schon kurz davor, an die Spree zu fahren, um mir den Fisch für mein Fischbrötchen selber zu angeln, kam die Verkäuferin mit einem neuen Fisch in der Hand wieder in den Laden. Auch dieser Fisch entglitt ihr beim einpacken.
Die Dame vor mir übersah das jetzt geflissentlich.

Nun wollte die Dame auch noch ein etwa fünf Zentimeter großes Stück frischen Lachs haben. Und damit war dann die Verkäuferin offensichtlich komplett überfordert.
Zuerst suchte sie zum Abschneiden dieses Lachs-Stückes ein Messer, das sie links hinter der Theke fand. Ein Schneidbrett fand sich rechts hinter der Theke. Der Lachs in der Theke, aber von der Verkäuferin aus gesehen hinter drei Stapeln leerer Salat-Plastik-Schalen.
Diese Schalen mussten von der Verkäuferin erstmal umgeräumt werden, um an den Lachs heran zu kommen.

In der Zwischenzeit hatten plötzlich, auf wahrlich mysteriöse Weise, das Schneidbrett und die Messer die

Plätze getauscht und die Messer blieben für die Verkäuferin zunächst verschwunden, denn die Messer lagen auf einmal hinter den leeren Salatschalen.

Nach nur kurzem Suchen wurden die Messer von der Verkäuferin gefunden und die leeren Salatschalen hinter ihr auf einem Tisch abgestellt.

Nun konnte es endlich los gehen.

Als erstes glitschte der Verkäuferin das Messer beim Ansetzen auf dem Fisch aus der Hand. Folgerichtig musste das Messer in einem Spülbecken hinter ihr wieder abgewaschen werden.

Das Problem dabei war, dass vor dem Spülbecken auf dem Tisch die leeren Salatschalen im Weg standen.

Also wurden erst die Salatschalen zurück auf die Theke geräumt und dann das Messer abgewaschen.

... Ich träumte in der Zwischenzeit von glitzernden Bächlein mit darin herum springenden Fischlein ....

Welch Zufall, auf fast schon wundersame Weise fanden sich dann plötzlich Lachs und Messer auf dem Schneidbrett zusammen und die Verkäuferin säbelte der Dame vor mir ein glatt fünf Zentimeter großes Stück Lachs ab und wickelte es ein.

Um nun aber den Rest des Lachses zurück in die Auslage zu legen, Gott allein weiß, wo sie her kamen, standen plötzlich wieder diese leeren Salatschalen der Verkäuferin im Wege.

Das erneute Wegräumen dieser Schalen klappte nun ausnahmsweise einmal problemlos.

Ha! Zu früh gefreut! ... denn beim hinein legen des Restlachses in die Theke warf die Verkäuferin nun Schneidbrett und Messer, auf den Boden.

Aber, beim Abwaschen beider im Waschbecken standen nun keine Salatschalen mehr im Wege!
Das einwickeln und Abkassieren der Kundin vor mir geschah dann auch erstaunlich schnell und ohne weitere Hindernisse!

Und nun ich ... hinter mir warteten nun auch schon zwei weitere Kunden und mein Kumpel auf der Straße neben dem Auto steckte sich schon die zweite Fluppe an.
"Ein Fischbrötchen bitte mit Bismarckhering!"
"Da liegt nur noch mit Matjes, mit Bismarck muss ich ihnen erst noch machen.", sagte die Verkäuferin.
Ich winkte ab. "Ich nehm auch mit Matjes!"

Aus den Augenwinkeln sah ich dann beim verlassen des Ladens, wie die Verkäuferin , um den nächsten Kunden zu bedienen, der ein Stück Heilbutt wollte, als erstes wieder die leeren Salatschalen umräumen.

***

Fußball
am 4./10./15./17.5.2006

Ich hasse Fußball! Am schlimmsten sind dabei allerdings die Kommentare umsitzender, dickbäuchiger, fettleibiger und vor allem unsportlicher Mitmenschen, die schon bis zum Kiosk ihr Auto benutzen. „Mensch, stell dir nicht so an! ... Vorne ist det Tor! ... Spiel doch mal'n vernünftijen Pass! ... Gleich hat er dir einjekricht! ... Du olle Nulpe! ... "
Vom Skat haben auch die am meisten „Ahnung", die noch nie Skat gespielt haben! „Warum hast'n deinen Bengel nicht eher jezückt? ... Ach, Herz war Trumpf? ... Du hattest wohl nur Piek uff die Kralle, wa? ..." Nein, ich habe gerade Grand gespielt, mit Vieren und ich habe den verloren, weil DU nicht aufgepasst hast!

Aber gerade beim Fußball haben die meisten Ahnung, obwohl man höchstens mal als Kind etwas gebolzt hat. Ich weiß bis heute nicht, was das "Abseits" ist ... und ich bin ein Mann!

Vor Jahren bin ich mal mit einigen Kumpels von den Prenzelberger Ansichten, deren Frauen, Freundinnen und Kindern in ein Sommercamp auf eine Jugendherberge im Hochharz gefahren. Direkt vor dieser Jugendherberge war ein Bolzplatz. Und natürlich hatten gerade wir alten Männer gleich am ersten Tag nichts besseres zu tun, als uns gegen die anwesenden Kinder zu blamieren! "Au ... Fußi ... au ja!" ... Bolzen! ... Zum ersten mal seit der NVA wieder kicken! ... Naja, auch nach all den Jahren war MEIN Spiel nicht besser geworden, die Kinder waren schneller, wendiger, fixer und machten uns Platt. In der Folge wurden die Wanderungen in die Umgebung an den nächsten zwei Tagen erst einmal auf Eis gelegt, weil wir alten Herren unsere Wunden pflegen mussten, hatten wir doch genügend Prellungen, Stauchungen, Zerrungen, Schürfwunden abbekommen. Aber schon am dritten Tag bolzten wir wieder, ... nun aber etwas besonnener.

In diesen Tagen wird man überall in der Stadt daran erinnert, dass die WM2006 ins Haus steht. Der Telespargel sieht wie ein Fußball aus, der Joghurt im Supermarkt verlost Fußballpunkte, die Kultur wir platt gemacht, weil überall Leinwände für Videobeamer hingehängt werden, im Fernsehen gibt's das Fußball-Quiz, der Absatz von Adidas steigt, der der Raubkopien auch ... aber mit Geschäft und Marketing hat das alles natürlich nichts zu tun! Es geht immer nur um Sport! ... Ja, es geht immer nur um Sport, wenn man die Bandenwerbung, oder wie auch immer (ha-ha) ignoriert und das Sponsoring und so weiter.

Kürzlich fragte mich Tina: "Rolf, was machen eigentlich die Afrikaner?"

"Also, weißt du Tina, ich habe keine Ahnung, ob Ghana dabei ist oder Kamerun oder Senegal!"

Sie schaute wohl etwas verständnislos, dann ranzte sie mich an: "Du hast ja von Politik überhaupt keinen blassen Schimmer mehr. Überall in Afrika steigen die Zahlen der AIDS-Infizierten!"

Nun weiß ich wieder, was die Afrikaner machen. Sie haben für Tina alle AIDS, hungern und spielen nicht Fußball.

***

Gartenzwerge (die Buh-Story)
am 18./19./26.10.06 - *Lesen mit verschiedenen Stimmen!*

„Herzlich willkommen zur Mitgliederversammlung .... Ja, bitte?"

„Das ist ja eine ungeheure Diskriminierung! Eine ungeheure ist das! ... Bitte! Fahren sie fort!"

„Mh ... also herzlich willkommen zur Mitgliederversammlung der Freunde der Wachhunde für Gartenzwerge e.V.!"

„Das ist ja eine ungeheure Diskriminierung! Ungeheuerlich! Werter Herr! Hier sitzen nicht nur Männer in dieser Runde! Frauen werden schon seit Jahrtausenden diskriminiert durch das Macho-Gehabe des Patriarchats!"

"Danke für den Hinweis. Schriftführer ... wo ist sie? ... ähm Tina ... kannst du mal die Formulierungen ändern, ich sag dir gleich, wie. ... Gut, also bevor wir hier richtig anfangen, schnell meine Frage an die Runde hier: Muss nochmal jemand aufs Klo? Ja? Gut. Dann lassen wir in der Zwischenzeit mal die Anwesenheitsliste rumgehen."

ca. 12 ½ Minuten später ... ...

"So? Sind jetzt alle wieder da? Ja! Gut! Also bevor wir zur Tagesordnung kommen, schreiben wir die Formulierung um! Sind alle damit einverstanden? Ich bitte um das Handzeichen? ... vierzehn ja, dreizehn nein, eine Enthaltung! Mh! Ich formuliere den Satz vor und dann stimmen wir darüber ab! ... Ich bitte um das Handzeichen? 14 ja, 13 nein, eine Enthaltung. Also: 'Herzlich willkommen zur Mitglieder- und Mitgliederinnen-Versammlung der Freunde und Freundinnen der Wachhunde, Wachrüden, - Welpen und Wach-Hündinnen für Gartenzwerge und Gartenzwerginnen e.V.' ... Ja bitte! Da gibt's eine Wortmeldung?"

"Wer ist eigentlich dieser Jack Pott? Laufend bekommt der Gelder und gibt die nie aus!"

"Ja, das ist eine gute Frage! Aber ich dachte, wir stimmen erst einmal über die heutige Tagesordnung ab ... Was sagt der Schatzmeister dazu?"

"Das ist ja eine ungeheure Frechheit! Laufend diskriminieren sie heute die Frauen!"

"Ja, aber Dieter ist doch nun mal ein Mann!"

"Ich weiß, dass ich rein biologisch gesehen ein Mann bin, aber ich lasse mich wegen meiner möglichen sexuellen Neigungen nicht von ihnen, Herr Gesprächsleiter, beleidigen oder diskriminieren! Ich nicht!

"Ja, Dieter, ist ja gut. Willst du trotzdem kurz darauf antworten, was es mit diesem Jack Pott auf sich hat?"

"Nein, ich möchte, dass wir in der Tagesordnung fortfahren! ... Und sie alte Schachtel haben doch nur die Knete im Auge!" "Das ist ja eine ungeheure Frechheit! Muss ich mir sowas von so einem jungen Bengel bieten lassen?"

"Ruhe, verdammt noch mal! Ich möchte noch über die Tagesordnung abstimmen!!! Erstens: Der Rechenschafts-Bericht über die Aktivitäten des Vereins in den letzten vier

Wochen, zweitens: der Rechenschaftsbericht des Schatz-Meisters, drittens: Aufklärung des Schatzmeisters über die Aktivitäten des Jack Pott und viertens: Diskussion!"

"Damit bin ich aber überhaupt nicht einverstanden!"
"Wieso?" "Ich möchte die Diskussion vorziehen, denn schließlich ist noch immer nicht klar, wer von den Vereinsmitgliedern mit Jack Pott nach Portunesien fährt!"
"Mh, ... versteh ich zwar nicht ganz aber ..."
"Buh-Buh! Aufhören! Immer werden hier die unwichtigen Dinge behandelt!"
"Sie alte Schachtel, mischen sie sich schon wieder ein!"
"Wenn sie mich nochmals alte Schachtel titulieren, dann werde ich ihnen zeigen, wie man in Portunesien Gartenzwerge skalpiert!"
"Buh-Buh! Auch sie diskriminieren wieder Menschen kleinen Wuchses! Es heißt nicht Gartenzwerge, es heißt Garten-Pygmäen!" "An meine Gartenzwerge kommt sowieso nur kaltgepresster Kaffee!" "Pfui, sie haben ja gar keine Ahnung vom Skalpieren! Buh!"

"Ähm, was sagst du, Tina? Das ist gar nicht die Veranstaltung, die wir heute moderieren sollten? ... Aber in meinem Kalender steht doch ... warte mal ... ach du scheiße! Tina! Wir müssten eine Kleingartenkolonie weiter sitzen! Dort trifft sich heute der Verein für die ökologische Fortpflanzung der Gartenzwerge! Das sollten wir moderieren!"

***

Geburtstag bei Gänsrich
aus O.K.beat 382 – *kein Datum vorhanden*

Es fliegt davon der Entenschwarm
weil Gänse zum Geburtstag kam'
Die Gänse schnattern nun allein,
der Fluss ist Entengrütze rein.

Der Gänsrich stellt betroffen fest,
Verwandtschaft ist wie eine Pest.
Man muss genügend Grütze haben,
dann bleiben sie an allen Tagen!

***

Geburtstag
am 14.1.09

Geburtstage fand ich als Kind immer schön ... naja ... zum
Teil. Da bekam man Geschenke, das war der schöne Teil
und wurde laufend von wildfremden, uralten,
dreißigjährigen Tanten geknutscht, das war der unschöne
Teil. In jenen wundervollen Tagen wollte man noch schnell
älter werden. Jeder Tag war spannend, angefüllt voller
Abenteuer und Spiel. Also, ich spiele noch heute, oft halbe
Tage, am Computer, aber heute ist das irgendwie anders.

So mit achtzehn fühlte ich mich erwachsen. Ich durfte
heiraten, wenn ich es gekonnt hätte, durfte ganz offiziell
Alkohol bis zur Besinnungslosigkeit kaufen und trinken und
fühlte mich stark und wichtig.

Als ich fünfundzwanzig wurde, was das für mich der
fürchterlichste Geburtstag. Von nun an geht's bergab ....
glaubte ich. Deshalb feierte ich meinen dreißigsten nur noch

widerwillig und von da an eigentlich gar nicht mehr gern.
Ab fünfunddreißig kam dann die Zeit, in der ich den Spruch:
„Man ist so alt, wie man sich fühlt!" für mich entdeckte.
Seitdem werde ich nun wieder jedes Jahr jünger. .... Und
pfeife auf meine fünfzig im Jahr 2011!

***

Berlin, Berlin (an die Geliebte)
am 12./13./14.9.2013

Glaspaläste
Mauerreste,
kleine Wichser
dröge Fixer - Berlin

Kollwitzplatz
laut Rabatz
Kinderwagen
kaum ertragen - Berlin

Hütchenspieler
Drogendealer
Spaß-Touristen
Salafisten - Berlin

SPD
FDP
CDU
blinde Kuh -   Berlin

Feine Frau'n
großer Traum
Arbeitslos
Schicksal bloß - Berlin

Demonstranten
Paten-Tanten
S-Bahn-Schienen
flotte Bienen - Berlin

Eierleute
heiße Bräute
schwule Schwänze
Rosenkränze - Berlin

Laute Spatzen
alte Katzen
Hundekot
Schornsteinschlot - Berlin

Hinterhof
Lesbenschwof
laute Flügel
stille Prügel - Berlin

Straßenbaum
Lattenzaun
Kopfsteinpflaster
alte Laster - Berlin

U-Bahnwagen
Koffer tragen
Minijob
ex und hopp - Berlin

Tierparkflair
elitär
Reihenhaus
graue Maus - Berlin

flinke Ratten
Fressen hatten
Reichstagsufer
leiser Rufer - Berlin

Straßenraub
grünes Laub
Schulhoflärm
Katzegedärm - Berlin

Wahlplakate
von Renate
Großbaustelle
Straßendelle - Berlin

Schön' Balkone
oben ohne
Kneipenecke
grüne Hecke - Berlin, Berlin, nur noch Berlin!

***

Gedicht aus dem O.K.beat Nr. 358 vom 5.Juli 2008
am 5.7.08

Es grinst so schön in ihrem Kleid,
die faltenlose, schöne Maid!
Ihr Kerl, das ist ein kleiner Cocker,
der schläft so süß auf einem Hocker,
den Frieden beider niemand stört,
weil nur der Cocker ihr gehört!
Sie lächelt still in sich hinein:
Ein Mann, das muss nicht immer sein!

***

Gedicht für Sandra S.
am 26.10.2010

Es ist dein Antlitz, das mich verzaubert,
an jedem, auch unschönen, Tag.
Ich weiß nicht, warum ich bei dir oft gezaudert,
weil ich dich wirklich, immerzu, mag.

***

Das ist auch so ein Dauerläufer, der immer funktioniert.

Gedicht vom Specht!
Rolf Gänsrich 22.8.09

Auf einem Baum, da sitzt ein Specht!
Der Baum ist hoch, dem Specht ist schlecht!
So kotzt der arme, wie ein Reiher
Und kotzt dem Reiher auf die Eier!
Der ist darüber wirklich sauer
Und legt sich heimlich auf die Lauer.

Der Specht ist zwischenzeitlich munter
Fliegt fix vom hohen Baum hinunter,
macht schnell noch eine scharfe Biege,
erwischt dabei 'ne Küchenfliege
und landet an 'nem kleinen Baum,
wo er sich traut, ein Loch zu haun'.

Der Reiher lauert wohl noch immer!
Ich sah ihn nimmer!

***

Gedicht von A.L. inspiriert
Mariechen
am 21./22.8./19.9.08

Mariechen, hey, da bist du ja!
Nun sag, wo warst du gestern?
Du weißt, ich mach hier nur Trara.
- Du warst bei deinen Schwestern?

Dein Schwesterlein, das oh so hold
dir meinen Ringe brachte,
wohl hoffentlich mit mir nicht schmollt,
weil ich sie nicht bedachte.

Ich seh, mein Ringlein steht dir wohl,
an deinen schmalen Gliedern
mein Kopf dagegen ist so hohl,
wie von der Magd das Miedern.

Es wär so schön, für mich zu sehen
wie du noch heute leidest,
wenn ich dir sag, ich muss noch gehen
und du zu hause bleibest.

Ich geh nicht weit, mein schönes Kind,
der Pfarrer will nicht warten
er möcht', dass wir zusammen sind,
in der Kirche Garten.

Ich seh dich nicht sehr gerne leiden,
drum lass uns Hochzeit machen,
dass wir die Einsamkeit nun meiden,
lassen wir's richtig krachen.

Mariechen, ich will immerfort nur dich
von früh bis in die Nacht,
Mariechen, denn ich liebe dich,
bis dir die Sonne lacht.

***

Gedichte vom 18./19.7.09 aus O.K.beat 388 und "Pommes rot - weiß" 21

Es rennt allein
Das Hosenbein
Und schreit:
"Ich bin heut ganz allein!
Drum mach ich euch'n Hosenbein
Reim!"
- - -
Zur Gans da sprach der Gänserich:
Im kalten Wasser steht er nicht
Lass uns doch in die Federn flattern
Und wie der wilde Truthahn knattern
- - -
Es fällt herunter blanker Regen
Er fällt hinab auf meinen Bregen
Und macht mein wenig Haar so nass
Wie auf der Wiese grünes Gras!

***

Machen wir gleich (der Rohrbruch)
am 27.6.06

Ich dachte ja immer, das Lied von Otto Reutter und Peter Frankenfeld, von dem gewissenhaften Maurer, der mühsam innerhalb eines Tages eine Leiter erklimmt, um mitten im

161

Feierabend, dann doch endlich einen Stein zu setzen, sei übertrieben. Wie heißt es da so schön, während der Maurer frühstückt, Karbonade trinkt, mit seiner Frau schwatzt, Mittagspause macht und aufs Klo rennt: "Nun fangen wir gleeeeiiiiich an!"

Auch Reinhardt May's Song "Ich bin Klempner von Beruf" hielt ich für unhaltbar! Immerhin ist mein Bruder Klempner und ich weiß, wie der den ganzen Tag lang ackert! ... Und auf meine Keule (Bruder) lasse ich nichts kommen! Zudem dachte ich, in Zeiten von Massenentlassungen müsse jeder froh sein, überhaupt noch Arbeit zu haben und so könne man sich Schluderei auf dem Bau, zumindest bei deutschen und regulären Arbeitskräften, nicht mehr leisten.

Aber irgendwie hatte ich da wohl falsch gedacht! Wäre ich doch nur ein Cowboy! Die lassen denken ... von ihrem Pferd!

Seit man vor einem knappen Jahr, Anfang September 05 begann, das Haus in dem ich wohne, einzurüsten, seitdem habe ich mit Handwerkern viel Spaß! Es ist ein wirkliches Abenteuer, echte Handwerker zu beobachten! Naja, man sieht sie so selten und wenn, dann nur bei nichthandwerklichen Tätigkeiten wie Skatkarten stemmen, Bierflaschen versenken oder beim Mieter vollpöbeln! Manchmal findet man auch Spuren im Treppenhaus von ihnen! "Großer Manitu sagen: hier ist weiße Spur von großem Maurer! ... Und sieh, hier er machen kehrt und gehen zurück! ... Und dies sein Fährte von junger, geiler Sqaw! Hugh!"

Ich muss mal meinen Vermieter, die Schneider Holding fragen, ob die schon mal mit ihren eigenen Augen ihre selbst angeheuerten Handwerker gesehen haben! Würde mich wundern!

Hin und wieder sieht man auch weiße Kalkwolken irgendwo hervorquellen oder es knirscht zwischen den Zähnen, nachdem man den Hausflur passiert hat, ... dann weiß man, sie waren wieder da .... die Maurer der Schneider Holding!

Erstaunlicher Weise hört man die Bauarbeiter aber immer wieder mal! Das ist wie mit Läusen: man sieht sie selten, aber man weiß, dass sie da sind!
Ich weiß nicht! Habe manchmal den Eindruck, die arbeiten nur wegen der Zuschläge!
Grundsätzlich ist in der Woche Lärm morgens von sieben bis acht, am Samstag von 13.00 – 15.00 Uhr und Sonntags von acht bis neun!
Ich muss mal meine Bekannte Sadie aus Michigan fragen, wie in den Staaten gearbeitet wird! In den USA ist sowieso alles besser! Vielleicht sollte ich auswandern ... und in Detroit eine Baubude aufmachen, die von sechs bis sieben lärmt und staubt!

Neulich Abend tropfte es irgendwo in der Küche! Ich hörte es nur und sah es nicht! ... Wie bei meinen Maurern! ... Der Wasserhahn war es nicht! Und so wurde ich immer unruhiger! Als ich schließlich kurz vor dem Schlafen gehen meine Kaffeetasse abspülte, machte es ganz plötzlich unter dem Spülbecken in der Küche, Plopp-Plopp, schon kam mir dreckiges Leitungswasser aus dem Spülschrank entgegen geschwappt und strudelte um meine Füße! Vor lauter Schreck machte ich einen Satz nach links, glitt aber auf dem, von Wasser schon vollgesogenem, Läufer aus und setzte mich auf den Stietz! Das war es also! Der Abluss meiner Spüle hatte geleckt!

Als umsichtiger Mieter denkt man ja kostenbewusst und so verkniff ich es mir, mitten in der Nacht, abends um elf, noch den Notdienst anzurufen. Allerdings erwachte ich, unruhig,

am nächsten Morgen schon sehr zeitig. Nach Schnellfrühstück und Katzenwäsche im Bad informierte ich Punkt sieben Uhr meinen Vermieter:
(Verstellte Stimme) "Ja? Machen wir gleich! Sie sind heute den ganzen Tag lang zu hause? Prima! Wir schicken ihnen umgehend jemanden vorbei!"

Von da an hörte ich die nächsten zwölf Stunden nichts mehr von meinem Vermieter! Mich erstaunte, dass man an diesem Tag auch keinen Handwerker hörte. Der übliche Presslufthammer "I-i-i-woing – I-i-i-woing" fehlte gänzlich! Erst Abends um acht, ich war mittlerweile leicht ungehalten wegen der sinnlosen Warterei, rief ich meinen Vermieter an. Der Anrufbeantworter versicherte mir, dass man sich gleich um mein Anliegen kümmern würde und ich solle doch meine Telefon-Nummer angeben!

Bereits am nächsten Tag gegen sechzehn Uhr lief mir auf dem Hof unseres Hauses, ich kam gerade vom nächsten Supermarkt, um Vorräte für weitere Wartetage in meiner Wohnung zu erstehen, ein Bauarbeiter über den Weg. Er machte einen sehr eiligen und gehetzten Eindruck, als sei die Mafia oder die Polizei hinter ihm her, was wohl sicher in der einen oder anderen Form stimmen mochte. Eben Richard Cimble auf der Flucht!

"Ja, ja!", stammelte er atemlos, "Wir wissen Bescheid! Ich komme in ein paar Minuten zu ihnen hoch!"
Hocherfreut ob dieser unerwarteten Wendung meines Schicksals, erklomm ich die drei Etagen bis zu meiner Hütte im Laufschritt, verstaute eiligst die Einkäufe, öffnete die Türen des Spülschranks und postierte mich schön dekorativ nahe der Wohnungstür, um im entscheidenden Moment nur noch die Tür zu öffnen.

Als mir nach einer Stunde das linke Bein einschlief, beschloss ich, mir doch schnell einen Cappuccino zu machen. Aber genau in diesem Moment rumorte irgendetwas im Hausflur und so wechselte ich nahe der Wohnungstür nur mein Standbein.

Gegen zwanzig Uhr, nach nur vier Stunden Warterei neben der Tür, rief ich, leicht entnervt, meinen Vermieter an. Der Anrufbeantworter versicherte mir, dass man sich gleich um mein Anliegen kümmern würde und ich solle doch meine Telefonnummern für den Rückruf angeben und spenden könnte ich für meinen Vermieter, die Schneider Holding, auf ihr entsprechendes Konto bei der Sparkasse, eine Spendenquittung könne aber, aus verständlichen Gründen, nicht ausgestellt werden.

So vergingen erst Wochen, dann Monate. Alle zwei Tage traf ich einen eiligen Handwerker an, der mir versicherte, dass er sich umgehend um meine kaputte Abwasseranlage in der Küche kümmern würde, er wisse beschied und allabendlich informierte ich den Anrufbeantworter meines Vermieters darüber, dass die Reparatur noch immer nicht durchgeführt sei!

Als mir schließlich eines guten Tages in irgendeinem späteren Jahr alles zu viel wurde, zog ich an den Lake Michigan zu meiner Bekannten Sadie! Das Wasser dort ist viel angenehmer, als in meiner Küche! Und vor allem lärmt und staubt Sadie nicht so!

***

Größe
am 21.11.06

Der alltägliche Held
Ist der
Mit dem Lächeln im Gesicht
Der Gewaltfreie
Der aufrichtige Freund

***

Gute Vorsätze, schlechte Nachsätze
am 5./7./8.1.2009

Zum Jahresanfang nimmt man sich ja immer mal was vor. So als Deadline. Man hat gerade zu Weihnachten geschlemmt, hat mehr gegessen, als der Diabetikerarzt erlaubte, mehr getrunken, als der Spiegel normalerweise vorsieht, Stolle gemampft, an Gänseknochen genagt, Mh ... Marzipan .... mh ... mein geliebtes Marzipan Kiloweise in sich hinein gestopft. Man hat sich mit der Familie gestritten, von der Freundin getrennt, auf die Bundesregierung geschimpft, und man nimmt sich nun zum Jahresanfang ganz einfach nur vor: ab morgen werde ich ein besserer Mensch!

Aber schon in den ersten Tagen nach Neujahr wird man weich und versieht die guten Vorsätze immer häufiger mit Nachsätzen!

Also gerade das Mh ... Marzipan ist jetzt noch kurz nach Weihnachten im Supermarkt so herrlich billig .... und schmeckt auch besser, als rohe Möhre, die ich sonst Abends im Bett vor dem Fernseher knabbere!

Und dann, also ich habe nie gesagt, dass ich grundsätzlich keine fremden Frauen mehr anbaggere. Ich hatte meiner Tina nur gesagt, dass ich nicht mehr wie wild um mich herum baggere, aber so leicht, gedämpft ... das kann man ja MAL machen, oder? Bei den vielen schönen Frauen, die es so gibt ....

Na und dass ich ein besserer Mensch werde, da bin ich doch nun auch schon dran! Ich habe in diesem Jahr noch keine einzige Rentnerin auf die Fahrbahn geschubst und auch noch kein Kind im Freibad hinterhältig gestukt! Das muss man mir schon noch hoch anrechnen, trotzdem heute erst der 8.Januar ist.
Und auf Alkohol verzichte ich auch, täglich mindestens sechs Stunden lang.

Bei diesen ganzen kleinen, vermaledeiten Nachsätzen kommt mir die Werbung in den Sinn, die sowas auch sehr gut kann!
Fressnapf! Morgen zehn Prozent Rabatt auf alles, außer auf Tiernahrung! ... Ähm, was verhökern die eigentlich noch, außer Tiernahrung?
Mediamarkt – wir schenken ihnen fünfzig Euro, ... ab einem Einkauf von eintausend!
Mister Pizza – wir liefern innerhalb dreißig Minuten frei haus .... ab einem Mindestbestellwert von 15 Euro!
Deutsche Telekom – sie bekommen von uns eine kostenlose DSL-Flatrate .... solange sie nicht mehr als zwei Megabyte aus dem Internet herunter laden!

Schatz, ich liebe dich am meisten, ... wenn du nicht bei mir bist!
Also gut, ich bringe euch heute noch einen Text, ... aber nur, wenn alle anderen der Runde hier auch etwas dargebracht haben!

Herbstgedicht
am 7./8.10.08
Ungewöhnliches Reimmaß! 1 + 5, 2 + 6, 3 + 7, 4 + 8 usw

Die Sonne spinnt
grau-silbrig Fäden
die dann der Herbstwind
mit sich fegt.

Die Kälte beginnt
sich leicht zu regen,
es kommt geschwind,
was dann sich legt.
- - -
Die letzten Beeren
leuchten gelb und rot
Ein Herbststurm
lauert heiter

Es glühen letzte Ähren
der Landmann spürt den Tod
bei Schneck' und Wurm,
das Feld wirkt breiter.
- - -
Der Bär verkriecht sich
tief im Wald
Die Wölfe nun sind
all zu wild.

Und ich seh'n mich
frostig kalt
nach dir, mein Kind,
mein' Liebe schwillt.

***

Hochzeitsrede für Peggy Lehmann & Marco Schwarz anlässlich ihrer Eheschließung am 13.Oktober 2007 am 13.10.2007 *(tatsächlich so gehalten)*

„Jeder Mensch ist frei geboren! Wenn er dann heiratet, ... tja, selbst schuld!", pflege ich immer wieder gern zu sagen.

Bei Peggy und Marco ist das etwas anderes! „Was sich neckt, dass liebt sich!", heißt es. Wenn man beide oder sie als ganze Familie, einmal erlebt, merkt man: das ist Liebe! Das passt zusammen!
Und ich frage mich ehrlich, warum sie diesen Schritt in die Ehe nicht schon eher getan haben.

Liebe Peggy! Du hast mir vor einigen Jahren, ich glaube im Sommer 2003 war es, wirklich den Arsch gerettet. Dafür war ich Dir, und bin es noch, so dankbar, dass ich inbrünstig gehofft habe, dass Du eines Tages noch einmal so richtig, richtig glücklich wirst. Meine Hoffnung auf Dein Lebensglück erfüllte sich!

Lieber Marco, jeder der Dich kennt weiß, dass Du Dir diese wundervolle Frau wahrlich verdient hast. Ich bin Dir dankbar, dass Du Peggy glücklich machst und hoffe sehr, Ihr werdet glücklich miteinander.

Dass ich nun heute, an diesem Tage, eure Trauung bezeugen darf, macht mich nun wiederum sehr glücklich!
Und so stelle ich, im Gegensatz zu meiner Einleitung, nun zum Ende meiner kleinen Rede fest: Eine Trauung ist letztendlich dann doch wiederum eine Angelegenheit, die jeden, der sie erlebt, nur glücklich macht.
Macht weiter so!

also eigentlich schon so lang wir uns kennen, machen wir es immer Donnerstags.... Donnerstag gibt's Sex zwischen Andrea und mir, ... aber auch dabei schlafen wir ein. Und einmal im Monat ist sowieso Pause.

Freitagabend schließlich wird gebadet. Erst die Kinder, dann Andrea und schließlich ich, und wenn das Wasser dann noch warm wäre, würde' ich direkt in der Wanne einschlafen! So jedoch muss ich mit dem Schlafen bis „Wer wird Millionär" warten.

Samstag ist der Hausarbeitstag in Familie. Erst stehe ich auf, dann die Kinder und endlich auch Andrea. Gemeinsam wird gefrühstückt. Gemeinsam fahren wir zu Aldi, zum Baumarkt und zur Tanke.
Gemeinsam fahren wir zum Mittag zu McDonalds, gemeinsam wird das ganze Haus und die Autos geputzt.
Bis zum späten Nachmittag haben wir so viel Zeugs gemeinsam gemacht, dass uns die Gemeinsamkeit allmählich auf die Nerven geht und wir uns auf die Gartenparty freuen, die entweder bei uns oder Nachbarn oder Bekannten statt findet, zu der man aber natürlich gemeinsam geht, denn wir sind schließlich eine Familie.
Es gibt Holzfällersteaks vom Grill und die Männer trinken ihr Warsteiner oder Radeberger, seltener ein Schultheiß, während die Damen am Rotwein nippen, denn sie sind es, die ihre Bagage nach der Party nach hause fahren müssen.
Die Männergespräche drehen sich um PS, Drehzahlen und Hertha, die Frauen unterhalten sich über die Angebote bei Schuhen und Blusen.

Gemeinsam unterhält man sich über Gigahertz, Gigabits, gedownloadete Filme oder Musik.
Es geht nur selten um Kindererziehung, dafür um so häufiger um Klingeltöne, Telefonanbieter, Anleger-Depots

der Banken, den schicken, aber ihr unmöglich stehenden Pulli von Sylvia, um die nächste Reise, um den letzten Urlaub in Thailand oder auf den Kanaren, dass immer alles teurer wird oder welcher Hit auf Viva besser ist, der „Dumm-Dummm-Dumm" oder der „Wumm-Wumm-Wumm".

Wenn alle abgefüllt und gesättigt sind, wird die Party beendet. Man fährt in Familie gemeinsam nach Haus oder macht, wenn die Party bei uns war, noch gemeinsam den Abwasch, bevor man bei „Der Schrecken des Grauens" gemeinsam einschläft.

Am Sonntag ist gemeinsames faulenzen in Familie angesagt. Erst stehen die Kinder auf, dann ich und ganz zum Schluss Andrea.

Nach dem Frühstück, nicht ohne Sonntags-Ei, widmet man sich leichten Arbeiten. Andrea macht die Papiere, die in der Woche angefallen sind, die Kinder dürfen, leise, spielen und ich verkrümel mich in die hinterste Ecke des Gartens, wo ich mit dem netten Gartennachbarn, er mit einer Hacke, ich mit einem Spaten bewaffnet, heimlich und von unseren Frauen unbemerkt, so glauben wir, ein Bierchen trinken, um nicht alles gemeinsam in Familie zu machen.

Das gemeinsam zubereitete Mittagessen ist gute, deutsche Hausmannskost frisch aus der Tiefkühltruhe. Nach dem Essen gönnen Andrea und ich uns ein kleines Nickerchen, sie auf der Couch im Wohnzimmer, ich auf dem Liegestuhl im Wintergarten, während die Kinder, leise, spielen.

Aber schon zum Kaffee, Punkt fünfzehn Uhr, erwarten wir dann Oma, Opa und Ur-Oma!

Nachdem auch dieser Besuch vorüber ist, widmen wir uns nun nochmals intensiv bis zum Abendessen unseren Kindern und ihren Hausaufgaben, die sie über das Wochenende zu erledigen hatten.

173

Allmählich freue ich mich schon wieder auf Montag, auf meinen Chef, auf den Anschiss, jenseits familiärer Gemeinsamkeiten und Harmonie, bevor Andrea und ich, gemeinsam beim Tatort einschlafen.

Dabei träumen wir vom nächsten Urlaub, auf den wir schon sparen. Vom gemeinsamen Bad in der Südsee, ich mit Tina, Andrea mit irgend so einem Insulaner, Hauptsache sie lässt mich in Ruhe. ...

Und wir sparen nicht nur auf den nächsten Urlaub, sondern auch noch auf den größeren Zweitwagen für Andrea, auf die Jugendweihegeschenke, auf den größeren Rechner, die bessere Spielekonsole, auf das neue Dach für den Geräteschuppen und natürlich für unsere Altersvorsorge.

- - -

Ich weiß nicht. Ich bin jetzt zwar oft alleine, für meinen Geschmack meist zu oft, aber ich habe keinen Chef, der mich tyrannisiert, ich stehe auf, wann ich will, ich arbeite an dem, was mir Spaß macht, bin fast jeden Abend irgendwo in der Stadt noch unterwegs, kann faulenzen, wann ich will und vor allem schlafe ich nicht schon bei der Tagesschau zum ersten male ein. Für viele wäre das Leben, das ich jetzt führe, sehr aufregend. ... für mich ist es normal. Hätte ich mein Leben nach meinem ursprünglichen Plan gelebt, wäre ich nicht nur schon längst Opa, sondern innerlich auch schon längst tot.

***

Immer wieder Tina
... quasi die Einleitungsstory zu den Kurzgeschichten usw.
am 24./25.1.06 - kleine Überarbeitung am 13.3.09

In den meisten meiner Geschichten heute taucht eine Tina auf! Wohingegen in meiner OKB-Hörfunksendung O.K.beat früher immer Antje aufgetauchte. Schon immer mal wollte ich klarstellen, warum!
Ich hab keine Ahnung, wer Tina ist! Habt ihr sie vorhin draußen nicht gesehen?

Vor Jahren gab es mal diese saublöden Blondinen-Witze. Ich fand die nie komisch. Die meisten dieser Dinge hatte ich erlebt, ... mit Antje!
Jede Antje, die ich kannte ... und es waren einige ..., war großbusig, blauäugig, hatte eine blonde Lockenmähne und, ich kann es nur wiederholen, Antje hatte immer eine mächtige Oberweite. Ein Traum ... für jeden Schwanz gesteuerten Mann und alle Männer sind irgendwie Schanz gesteuert, glaubt es mir! Also, Antje existierte wirklich! Eine Anti-Je ... Anti-Je ... wie ich immer sagte, weil ... eigentlich lebten sie immer gegen sich und ihre Umwelt ... also eine Antje arbeitete bei der BfA und macht irgendwo Haken, oder auch nicht, eine Antje arbeitete in der Qualitätskontrolle bei irgendeiner Zeitung ... ich glaube, sie zählte die Anzahl der Seiten, eine arbeitete als Putze bei einem Symphonie-Orchester ... und ... ähm ... zählte dort die Saiten, über eine schweige ich insgesamt und über die anderen beiden Antjes lege ich lieber den lauen Mantel des Schweigens, denn der Sex mit diesen beiden war so saugut ... ... und ihr kennt ja sicherlich diesen uralten Spruch über die geistigen Qualitäten der Leute und deren Sex-Qualität!
Ja, ja ... Dumm fickt gut!

175

Und immer, immer verliebte ich mich ausgerechnet in Antje! Antje wechselte ihre Lover meist häufiger, als ich meine Unterwäsche. Nie kam ich dahinter, warum Antje, egal welche, nicht kochen konnte, ... selbst Kaffeewasser im Teekessel auf dem Herd ließ sie anbrennen. Oder die sinnige Frage auf der Landstraße, sie am Steuer ihres nagelneuen Polo: "Sag mal, Rolf, muss ich beim herunterschalten auch einen Gang einlegen?" ... Oder als wir uns bei einem Wochenendausflug auf Schloss Stolzenfels ein Zimmer nahmen und ich staunte: "Wow! Was für eine riesige Bibliothek!" Und sie darauf sagte: "Ja, und alles voller Bücher!"

Das war Live!

Was ist der Unterschied zwischen einer Antje, die ihre Tage hat und einem Terroristen? Mit einem Terroristen kann man verhandeln!

Antje hatte von nichts eine Ahnung und war selten mal zufrieden. "Eh kieke mal, der Kaviar muss schon voll schlecht sein, eh ... der ist ja schon voll schwarz ... eh!"

Aus diesen Gründen tauchte im Okbeat immer wieder "meine Freundin Antje" auf. Antje war immer eine Inspiration für schlechte Witze und das bitterböse Pendant zu Lord Knuds "Mein Freund Detlef hat gesagt ..."!

Als ich dann mal für einen Text eine wirklich nette Frau als Inspiration suchte, kam mir als erstes Andrea in den Sinn! Andrea hieß meine erste echte Jugendliebe ... Andrea aus Finkenkrug bei Falkensee! Ich war vierzehn und sie zwölf ... und wir knutschten mächtig hinter den Brombeerbüschen in Nachbars Garten. Andrea hatte schon damals eine tolle Oberweite, hatte grüne Augen und einen festen Freund, aber am Wochenende waren wir zwei ein Paar!

Es war ein schöner Sommer, damals 1975. Mariannchen sang "Er gehört zu mir" in meinem laut plärrenden

Kassettenrecorder, auf den Stoppelfeldern hinter Nachbars Garten jagten wir Kaninchen und im herbstlich bunten, angrenzenden Wald spielten wir verstecken, fangen und ... knutschen!

Die erste große Liebe hielt einen ganzen Sommer lang. Erstaunlich war, kurz vor Weihnacht 1975 bekamen wir in unsere Klasse, ich war damals in der 8-A der Nicolai-Bersarin-Oberschule in Hohenschönhausen, eine neue blonde Andrea mit grünen Augen. Umgehend verliebte ich mich in sie! Wir tauschten damals West-Kaugummibilder, hielten Händchen in der Schuldisco, bei der ich auflegte und gelegentlich durfte ich auch mal ihre Brust sehen.

Das ganze hielt ein halbes Jahr, dann zog ihre Familie erneut um ... nach Rostock ... ihr Vater war Reichsbahner. Seitdem habe ich mich von Andrea ferngehalten ... egal welche. Andrea ist wie eine heilige Kuh, die man nicht anrührt. Die erste große Liebe ist heilig, weil sie noch unverdorben und so gewaltig ist. Deshalb taucht Andrea in meinen Geschichten nie auf.

Ganz anders ist es mit Tina! Tina ist eine geniale Kurzform für Martina, Christina, Bettina, Christine, Cortina und so. Noch vor Andrea war ich unsterblich in eine Christina verknallt. Ihr kennt den Amiga-Schlager aus den 50-ern von Fred Frohberg: "Du bist meine geliebte Bambina, oh Christina, oh Christina!"? Im Gegensatz zu den Mädchen, die nach DDR-Margarinesorten benannt waren, wie Sonja oder Marina, hatte deshalb Christina etwas Weltoffenes, Fernes, Unerreichbares an sich. Christina war unser Klassenprimus und unsere Gruppenratsvorsitzende. Als ich wegen eines Blinddarmdurchbruchs von Neujahr bis zu den Winterferien 1972 nicht zur Schule gehen durfte, brachte Christina mir Unterrichtsstoff und Hausaufgaben heim und manchmal, wenn ich sie nicht zu sehr anhimmelte, brachte sie mir sogar etwas bei.

Ich verkneife es mir jetzt Marina, Anna, Birgit 1 & 2, Anja, Nachona, Ines und Inez, Annett, Heike, Imke und wie sie alle hießen, aufzuzählen. Durch diesen ersten Anti-AIDS-Werbe-Jingle wurde ich erstmals wieder auf Tina aufmerksam, in dem Hella von Sinnen an der Kasse eines Supermarktes den hochroten Ingolf Lück abkassiert und an der entscheidenden Stelle laut fragt: "Tina! Wat kosten die Kondome?"

Meine Tina existiert nicht wirklich. Peters Frau wird zwar so genannt ... eine ganz liebe ... oder Tina, die Frau von Kaso ... und auch die niedliche, nette Masseurin aus der Rückenschule in der Senefelder Straße. Meine Tina jedoch ist ein echtes Produkt meiner eigenen Phantasie. Tina ist 'ne ganz nette, 'ne ganz "taffe", die mitten im Leben steht, mit all ihren Fehlern, die sie noch netter machen. Sie ist sehr gebildet, sehr emanzipiert, manchmal ein klein wenig dominant und strahlt von innen. Also doch 'ne kleine Anspielung an die drei Tina's. Meine Tina ist kuschelig, hat eine warme Stimme und sie kennt mich in und auswendig, weil sie mich durchschaut hat. Sie ist ein winziges Stück Mutterersatz, ein etwas größeres Stück "geile Schlampe" und der größte Teil von ihr ist der beste Kumpel, den ein Mann je haben kann. Mit Tina kann man Pferde stehlen, toll kuscheln und sie macht mich überhaupt nicht nervös.
"Tina", als Sammelbegriff für all meine netten Frauen einzusetzen, soll so quasi mein genialer Kunstgriff sein, um möglichst viele Leute anzusprechen. Ich wette, fast jeder von uns kennt irgendeine Tina persönlich, und diese Tina ist IMMER nett.

Wie meine Tina aussieht, weiß ich nicht! Ich weiß nicht, was sie am liebsten isst und trinkt oder welchen Beruf sie hat, in welche Kneipen sie geht oder wie alt sie ist. ... Ich weiß es nicht! Aber ich weiß, sie ist dort draußen und sie wartet nur darauf, wieder in meiner nächsten Geschichte aufzutauchen.
Immer wieder Tina!

***

In Gedenken an Stefan Mros
am 7.6.08 für "Pommes rot - weiß" , überarbeitet als Lesetext am 8.6.09, für O.K.beat 384 am 13.6.09

Stefan Mros .... will sich nicht seine Stefanie Hertel endlich von ihm scheiden lassen? .... Kluges Mädchen!
Irgendwie beim durchzappen vor und während des Frühstücks .... ich bin ja immernoch der frohen Hoffnung, dass ich Coyote & Roadrunner Sonntagmorgen vielleicht doch noch irgendwo sehen kann .... sind wohl zu brutal, diese Cartoons mit dem Coyoten, der immer den Roadrunner jagt und dabei ständig selber auf die Fresse fällt, weshalb diese Filmchen nur als FSK 18 erst für Erwachsene freigegeben sind, ...na jedenfalls bleib ich zwischen Abwaschen, Zähne putzen, Betten machen, Kaffee schlürfen und Frühstücksei killen dann doch versehentlich auf der ARD, die man sonst eigentlich eher für gute, seriöse Information kennt, hängen.
Leider ging letztens alles so schnell, dass ich mir nur schnell einen Kassettenrecorder mit eingebautem Handmikrophon greifen konnte, um euch das schlimmste Unheil aufzuzeichnen!

Das Grauen hat einen Namen: Sonntags immer .... mit Stefan Mros!

Joa moa, Burschi, koannst oa doatsch quoaken?

Seine Gäste: Volksmusik-Oldies und Kinder, die sich nicht wehren können!

Wie ein Echo wiederholt der Typ alles, was seine Interviewpartner sagen ... und das nicht nur bei dem Kind!

Er: Hallo Echo!
Sie: Hallo Stefan!
Er: Soag o moa, wos host doa fua a Haustier?
Sie   I hoab oa a Esel!
Er: Sie hoat a Esel!
Sie: Der heißt auch Stefan!
Er: Der hoasst oa Stefoan!
Sie: Und kommt aus Brandenburg!
Er: Uand is a Soapreiss!

Das blonde, kleine, siebenjährige Moadi, als Nachwuchs-Star in der Show, war übrigens so gut dressiert, dass es ständig Zähne zeigte, ... aber nie lächelte! ...

Am interessantesten war jedoch, dass Stefan Mros gleichfalls eine siebenjährige Tochter hat, die auch schon lesen kann und die er mindestens zehnmal in der Sendung grüßte! ... Man gönnt sich ja sonst nichts! – Gilt das nicht trotzdem schon als Schleichwerbung, wie bei der Andrea Kiewel, die im ZDF-Fernsehgarten – ähnliche Sendezeit, Niveau etwas höher, aber dennoch nur im sonntäglichen Vollrausch zu ertragen – die Leute zu unkontrollierten Klatsch-Salven animieren muss?
Die Musik in der Sendung ansonsten ... na halt mit dem immer üblichen, gleichbleibenden Drum-Beat unterlegt, bei dem man so herrlich mitklatschen und sich schon am Vormittag die Rübe vollsaufen lassen kann!

Und das armselige Gewimmer, das Stefan Mros dem Leid
geplagten ARD-Zuschauer mit den Worten: "I sing doa moa
selbst" als Musikquiz unterjubelte, erspare ich Euch jetzt
auch, sonst müsst ihr auch noch kotzen.
Ist ja kein Wunder, dass Stefan Mros nun selber singt. Bei
dem Niveau von "Sonntags immer" .... aber zum Glück
immer nur im Sommer ... kommt doch kein Künstler mehr
freiwillig in die Show, es sei denn, es sind Koksbrüder, wie
diese Zillerthaler Klosterjunkies, die Kohle für ihr nächstes
Dope brauchen!

Es singt sehr schnell, der Stefan Mros
Weil's ihm schon in die Hose goss!
Die Steffi war ein geiles Weib
Die nahm er sich zum Zeitvertreib!
Die konnt' auf seiner Flöte üben,
denn schließlich kam sie einst von drüben!
Der Stefan braucht zum Singeschluss
Immer 'nen kräftigen Erguss!

In Sprititus, Cannabis, ... Ahmen!

***

Irgendwie bei Nacht
am 23.2.09

Irgendwie - da hab ich mich
Ganz seicht - in dich verliebt.

Es kam - wohl über Nacht
Zu mir - so wie ein kleiner Dieb.

Mein Herze - das sprang
übervoll - mit einem großen Hopser

Das Blut - in meinen Adern
Pulst - wie bei'nem starken Boxer.

Irgendwie - da hab ich mich
Verrückt - in dich verguckt

Meine Seele - sprudelt übervoll
Und hat mein Herz - verruckt

Gedankenvoll - bin ich bei dir
Wie wenn ein Vöglein - singt

Die Sterne - voller Liebesschwür'n
Mein Herz - ist so beschwingt.

Irgendwie - das möchte' ich schwör'n
Bin ich - in deinem Herze

Ein süsses - kleines Lichtelein
Von einer - Honigkerze

Dein holder Mund - der ist es wohl
Er formte - liebe Worte

Und ich - wär nur
Zu gern mit dir - an einem stillen Orte

Irgendwie - da hab ich mir
ganz still - nun eingestanden

Süß Mägdlein - ich mag sie so sehr
Weil die Gefühl - uns banden

***

Jede Menge Gedenken
am 2.6.09 – Nachschliff am 20.7.2020

Der Juni ist angefüllt mit Gedenktagen! Kindertag, Arbeiteraufstand, Musik-Gott Sir Paul McCartney hat Geburtstag, Walter Ulbricht hat am selben Tag Geburtstag wie Peter Alexander, dann gibt's den D-Day, V-Day, May-Day und manchmal auch noch Pfingsten!

Für mich selber ist der wichtigste Tag, gleich nach meinem Geburtstag, der 2.Juni!

Stellen wir uns vor: Die Antike – Rom!
An diesem Tage werden im Colloseum endlich mal wieder ein paar Schwertkämpfer durch die, gerade erst gestern angelieferten, noch hungrigen Löwen massakriert. Auf einem Marktplatz nah am Hafen werden neue Galeeren-Sklaven feil geboten. Das älteste Gewerbe der Welt boomt, weil gestern nicht nur der Löwentransport im Hafen eingetroffen ist. In den Katakomben halten sich nun die versteckt, die noch immer, ... beim Zeus! ... an die alten Götter glauben, während in der Stadt selbst mittlerweile ein alter Tempel nach dem anderen in eine „Kirche" verwandelt wird.
In den reichen Vierteln etwas oberhalb lassen es sich Senatoren gut gehen. Auch hier floriert das älteste Gewerbe, denn die Reichen sind lustverwöhnt!

Niemand ahnt, dass hinter der nächsten Landzunge auf dem Mittelmeer schon die Flotte meines Ahnen bereit liegt. Die warten eigentlich nur noch darauf, dass die Krieger, die sie bereits am gestrigen Abend heimlich an Land abgesetzt hatten, nun den Rubikon überwinden und das verabredete Zeichen zum Angriff geben.

Die Römer sind selbst schuld! Sie hielten Abmachungen nicht ein und griffen Karthago, von den Wandalen tapfer verteidigt, immer und immer wieder an. Und als dann auch noch von Rom zugesicherte Zahlungen und Tribute an die Wandalen über Jahre hinweg ausblieben, reichte es meinem Ahnen! Am 2.Juni Anno 0455 gab er den Befehl zum Angriff!

Eine ganze Woche lang ließ nun Wandalen-König Geiserich Rom durch seine Männer plündern und nahm den Papst, ... den III. Pabst der Geschichte .... wie hieß er? ..... Er war auf jeden Fall feige .... mein Ur-Ahn Geiserich kidnappte diesen Papst und erst, als Rom ihm seine Staatskasse überließ, kam der Papst wieder frei!

Leider ging das Wandalenreich nach nur einhundertfünfzig Jahren dennoch unter und die Wandalen waren ein, von Rom geschlagenes Volk. ... Eines blieb jedoch im Gedächtnis unserer Familie: wir haben am 2. Juni Anno 455 Rom geplündert und hatten den Papst in unserer Gewalt.

***

Kaffee mit Beinchen
am 12.4.06

Als Jugendlicher findet man es ja schick, wenn einen die Erwachsenen nicht mehr verstehen. Die verstehen einen sowieso nicht. Da spricht man dann lieber gleich im eigenen Slang. Am besten geht das auf englisch! „Ey, voll groovy, babe!" ... Meint der jetzt, sein Baby ist ein Grufti, also aus der Gruft erwacht?

Tja, manchmal nervt das englische einfach, und ist auch falsch. „Die E-Mail" ist der elektronische Brief, was dann darauf schließt, dass es „Der E-Mail" heißen müsste. Da aber alle Fremdwörter, die ins deutsche importiert wurden, sächlich sind, hieße es der Korrektheit halber eigentlich „DAS E-Mail"!

Das „Handy" ist nicht das feuchte Händchen von Tina bei ihrem ersten Date! Das, was wir als „Handy" bezeichnen, ist auf dem ganzen Rest der Welt das „Mobile-Fon"! Manch Mitbürger aus dem angelsächsischen Sprachraum wird sich fürchten, mit deutschen Airlines ... äh ... Fluglinien zu reisen, wegen der Schwimmweste in den Flugzeugen, die bei uns „Body-Bag" heißt, was im englischen „Leichensack" bedeutet. Nun weiß ich nicht, das mag ja bei einigen Fluglinien stimmen ... ...
Neulich sah ich einen Laden mit der Aufschrift: „Coffee to go". Ich musste erst nachfragen, um zu erfahren, dass der Kaffee dort keine kleinen Beinchen hat und selber spazieren gehen kann und dass es sich nicht um einen Laden von Tchibo oder Eduscho handelt, die nur filterfein gemahlenen Kaffee verhökern, sondern man dort die fertig gebrühte Tasse Kaffee mitnehmen kann. Dies sei gerade „trendy".
Wer glaubt, bei den „Nails-Center'n", die wie Pilze aus den Boden sprießen, handelt es sich um Heimwerkerbedarf für Schrauben und „Nägel zum in die Wand klopfen", irrt. Den Damen werden hier lediglich die Fingernägel „gestylt" für ihre „Lover".

„Body-Painting" heißt wohl auch nicht, dass ich meinen Pinsel, genau den, nehme und dir damit auf den Rücken „I love you" schreibe. Ähm, hat denn ein „Out-Door-Shop" Haus-Ausgangstüren im Sortiment? Und richtig klasse, weil auch sehr sinnvoll, finde ich die „Off-Roader" bei den Auto's. Außer in Berlin, wegen der ganzen Baustellen, fährt man in Deutschland, Autoland, wohl eher selten über Feldwege oder über einen Acker.

185

„Rent a Car" heißt ja auch nicht, dass ich meinem Auto irgendwann eine Rente gebe, so alt wird der Wagen eh nie, sondern das ich ihn miete. Bedeutet das dann im Umkehrschluss, dass der Rentner von Vater Staat gemietet wird? Und mit der „Chill-Out-Zone" kann ich nun garnichts mehr anfangen, weil ich damit eher Aufregung durch Chili-Schoten assoziiere.

Also dann, bis zum nächsten Brunch! See you later!

***

Keep Whiskey in the Jar
am 20.9.07

Gakelnde Hühner im staubigen Sand
Die Flure sind grüner in diesem Land
Pappeln im Sturme oft schon zerzaust
Windschiefe Katen, von Bauern behaust.

Schafe in Herden, auf weiten Wiesen
Grasen gemächlich herum auf diesen.
Von einzelnen Bäumen fällt ab buntes Laub
Fliegt hin und auch her, so wie ich glaub.

Ein schillernder Reigen bedeckt Weg und Gras
Und letzte Blüten werden ganz blass.
Der Herbst ist schon da, man glaubt es kaum,
der Sommer zerfetzt, wie ein helllichter Traum.

Der Sommer vorbei, der Herbst längst schon nagt
Und irgendwie bald schon der Winter uns plagt.
Versüßen wir Nächte und Tage wie diesen
Lasst Naschwerk und Zucker uns recht wohl genießen.

Auch Irlands Whiskey ist bunt im Geschmack
Hier Gnome und Feen treib'n Schabernack
Der Ruf ertönt von Hof zu Gehöft
Großjunkers Schwein wurd' heute geköpft.
Bald sind sie beisammen wie jedes Jahr
Lausig tönt's um „keep Whiskey in the Jar".

***

Kennt ihr meine Eltern? ... „Nette" Leute"!
am 11.2.2006

Die folgenden Dinge ereigneten sich, nur immer in leicht abweichenden Varianten, seit nunmehr ca. vierzig Jahren. Für diese Kontinuität bin ich meinen Eltern sehr dankbar!

Ich: „Hallo Papa, hallo Mama, ich bin da-ha!"
Mama: „Schön, dass du auch noch kommst."
Papa: „Immer verspätest du dich, immer!"
Ich: „Ihr wisst doch, das Auto ist kaputt, ich bin auf dem Fahrrad unterwegs, zwanzig bin ich schließlich auch nicht mehr und dann noch der Schneesturm. Seht mal, nicht mal zwölf Minuten zu spät. ... ..."
Papa: „Du verspätest dich immer, immer!"
Ich: „Kann ich mal über irgendeiner Heizung meine Jacke aufhängen, die ist nämlich klatschnass und die will ich nachher SO nicht wieder anziehen."
Mama: „Heizung?"
Papa: „Da müssen wir erst mal schauen."

Nachdem ich mehrfach um eine Tasse Kaffee gebettelt habe und endlich auch sitzen darf, bekomme ich innerhalb der nächsten anderthalb Stunden mehrfach zu hören, was meine Nichte alles so gemacht hat, was sie nicht gemacht hat und was sich daraus entwickeln kann. Außerdem erfahre ich, fünfmal nacheinander, dass meine Nichte Susilein ja so süß, sooo süß, ja so süüüüß ist!

Dankbar schlürfe ich den viel zu starken, viel zu kalten Kaffee und bekomme erst auf Nachfrage genau ein Stück Zucker.

Meiner Mutter geht es mit ihrem Zucker nicht gut und mein Vater hat es immer noch in den Knien. Aber vor allem der Zucker meiner Mutter, gestern war er hoch, heute geht er, nachher wird sie noch spritzen, damit ihr Zucker heute wieder nicht ganz so hoch kommt und der spezielle Diabetiker-Arzt hat gesagt, da gibt es bald ein neues Serum, das hat er gesagt ... und Günther Jauch im Fernsehen hat das auch gesagt!

Wie scheiße es mir geht, dass die Bauarbeiten durch meinen Vermieter einfach nur nerven, dass meine Bewerbungen wieder mal von zwanzig Firmen abgelehnt wurden, scheint meine Eltern vorerst nicht zu interessieren, denn relativ übergangslos wird mir nun berichtet, dass der Gummibaum einen Knacks hat, was Günther Jauch in Stern-TV alles noch so gesagt hat und dass im Garten wohl bald die Maiglöckchen blühen. Schließlich bekomme ich auch noch ein Stück Kuchen mit den Worten serviert: "Das ist noch ein Stück von der leckeren Ostertorte aus dem vorletzten Jahr! Das hatte ich eingefroren!" Meine Zähne werden beim Essen immer länger. Außerdem kann ich gar nicht so schnell lüften, wie meine Eltern das Wohnzimmer wieder vollquarzen: "Schön, dass wenigstens du nicht mehr rauchst, mein Junge!"

Das sehr einseitige Gespräch geht weiter. Ich komme mir dabei jedes mal vor wie der Müllschlucker für meine Eltern. Ich erfahre, dass es bei Netto letzte Woche Fleisch im Angebot gab und diese Woche bei Penny. Onkel Paule ist ja auch ein alter Stiesel. Meinem Bruder geht's ja sooo schlecht, na, kein Wunder, bei der Frau, aber seine Tochter, meine Nichte, Susilein, ist ja sooo süüüß! Der Hund der Gartennachbarin, draußen in Brieselang, hatte letztens einen fürchterlichen Durchfall und da ist unsere Gartennachbarin zweimal, zweimal mit dem zum Tierarzt gefahren. Das muss man sich mal vorstellen, zweimal, ist sie mit dem zum Tierarzt und auf dem Rückweg hat sie ein Eichhörnchen ... ein .. Eichhörnchen ... ach! Das haben sie mir schon mal vor vier Wochen erzählt? Das mit dem Eichhörnchen? Tatsächlich? Auf dem Friedhof, am Grab meiner Oma ist auch immer ein Eichhörnchen! Und das frisst meinem Vater die Nüsse aus der Hand! Ja wirklich.

Nun, da alle lebenden und nicht mehr lebenden Verwandten durchgehechelt sind, kommen meine Eltern unwillkürlich auf das Thema Fernsehen zu sprechen. Da meine Eltern nur noch zwischen Garten in Brieselang, Penny und zu hause hin und her pendeln und die einzigen Leute, mit denen sie sich unterhalten ich, mein Bruder samt Familie am Telefon, die Gartennachbarin und Onkel Paule sind, ist der Fernseher für meine Eltern das wichtigste Kommunikationsmittel, um nicht zu sagen DAS Fenster zur Welt für sie. Dabei vergessen sie, dass das Fernsehen nicht das reale Leben ist. Für meine Eltern IST das Fernsehen das reale leben ... und vielleicht noch das, was in der BZ steht! Nun wird es für mich gefährlich, denn gegen Günter Jauch, Angela Merkel und Eva Herrmann von der Tagesschau kommen meine Argumente nie an.

Mama: „Der Müntefering hat gesagt, alle, die eine Arbeit wollen, bekommen auch eine."
Papa: „Hast du dich eigentlich irgendwann mal wieder beworben?"
Mama: „In der B.Z. und im Videotext bei Pro 7 stehen doch

so viele Arbeitsmöglichkeiten drinne! Hast du dich da mal beworben?"

Papa: „Die Angela, ja die Merkel, hat auch gesagt, wir müssen mehr arbeiten. Du weißt ja aber gar nicht, was RICHTIGE Arbeit ist."

Ich: „Ihr wisst, ich habe knapp zwanzig Jahre lang im Einzelhandel gearbeitet und jetzt suche ich laufend! Es gibt nischt in Berlin!"

Papa: „Das nennst du Arbeit? Du hast doch damals nur irgendwo rumgestanden oder irgendwo blöd in einer Kasse gesessen. Richtig arbeiten,das kennst du doch nicht."

Mama: „Und sieh mal, hier, in der BZ, da sind so viele Stellen frei. Du bemühst dich doch gar nicht."

Papa: „Na, er hat es ja auch nicht nötig, so lange wir ihn immer noch unterstützen. Sei froh, dass du Mamas Auto immer noch fahren darfst und nimm dir ein Beispiel an deinem Bruder, der ist Klempner, der weiß, was richtige Arbeit ist."

Ich: „Ja, mein Bruder hat mittlerweile zwanzig Arbeitsstellen gehabt, hat jahrelang schwarz geknufft, deshalb zwei Ehen in die Brüche gesetzt und ..."

Papa: „Das ist doch was ganz anderes. Der hat wenigstens gearbeitet. Sieh mal, ich habe fast fünfzig Jahre lang auf dem Bau geknufft und du? Willst du überhaupt arbeiten?"

Mama: „Günther Jauch hat auch schon mal so einen arbeitsfaulen in der Sendung gehabt! Du könntest uns auch ruhig mal dankbar sein, weil wir dich immer so unterstützt haben."

Papa: „Ja, damals, als du bei der Fahne, bei der NVA warst, haben wir dich schon unterstützt. Also ich bin der Meinung, wer arbeiten will, der findet auch eine Arbeit. Selbst der Arbeitsminister sagt das immer."

Mama: „Und ja, mein Junge, denk auch mal daran, dass wir nicht ewig für dich da sein können. Du musst auch mal auf eigenen Füßen stehen! Hast du dich in letzter Zeit überhaupt mal irgendwo beworben? Na? Na? ... Siehste, da bist du schon sprachlos!"

Ich: „Meint ihr nicht, dass ihr langsam etwas ungerecht werdet. Ihr wisst doch gar nicht, was draußen auf dem Arbeitsmarkt wirklich los ist!"

Papa: „Sei du ruhig und geh erstmal richtig arbeiten!"

Je nach meiner Verfassung halte ich diese Angriffe von zwei Seiten noch weitere zehn bis zwanzig Minuten aus. Dagegen anzugehen, hat eh keinen Zweck, da mein Vater ja immer Recht hat ... selbst wenn er im Unrecht ist. Sie kapieren es dann nicht mal, wenn ich aufstehe, um zu gehen. Meist muss ich sie richtig anschreien, damit sie kapieren, dass ich gehe!

Papa: „Und? Deine Schreiberei bringt dir doch auch nichts ein! Und dein Radio machst du sowieso nur zum Spaß! In welcher Welt lebst du eigentlich?"

Mama: „Ja, diese ganzen kauzigen Künstler … … Überlebenskünstler allesamt!..."

Papa: „Geh du erst mal richtig arbeiten, damit du mal richtiges Geld verdienst! Und nimm gefälligst Rücksicht auf deine Eltern!"

Um nicht doch noch auszurasten, gehe ich schließlich. Wieder mal frage ich mich, was ich wohl falsch gemacht habe, dass meine Eltern wieder auf mir herum gehackt haben!

Mit fünfundvierzig Jahren stelle ich dann immer wieder fest, dass meine Eltern mich auch nie nur einen Deut weit achten, dass sie mich nicht verstehen, dass sie mich noch nie verstanden haben, dass sie mich nie verstehen werden. Ich weiß, dass sie mich nie verstehen werden. Und trotzdem habe ich ein schlechtes Gewissen, weil ich gehe. Sie

verlangen von mir ihnen gegenüber Rücksicht, denke ich, während ich mir die Haare ausspüle und die Klamotten wechsel, weil alles so nach dem Zigarettenqualm aus der Wohnung meiner Eltern stinkt. Ich werde wieder Wochenlang Nachts schlecht schlafen, weil ich innerlich zerrissen bin. Sie sind meine Eltern und sie tun mir weh! Seit Jahrzehnten. Und meine Psychologin wird mich auffordern wieder den ersten Schritt auf meine Eltern zuzumachen. Aber allmählich kann ich nicht mehr! Ich will nicht mehr! Es zerreißt mich innerlich! Sie sind meine Eltern und dennoch hasse ich sie!
Ich hasse sie von mal zu mal mehr!
Ich hasse sie von mal zu mal mehr ... meine Eltern, die "netten" Leute.
(Muttern starb 24.3.2008, Vaddern 29.1.2010 – R.i.P.)
***

Kennt ihr ...
am 25.2.2014

Kennt ihr noch diese winzige Aufschrift auf der Rückseite der Geldscheine?
Wer Banknoten nachmacht oder verfälscht oder nachgemachte oder verfälschte Banknoten sich verschafft, um sie in Verkehr zu bringen, wird mit Freiheitsstrafe nicht unter drei Jahren bestraft!

Ja, ja, ich wollte mal in'ner Tulpenfabrik arbeiten, um Rosen-Blüten zu waschen.

Ich habe hier 'ne weitere Variante:
Wer den O.K.beat nachmacht oder verfälscht oder nachgemachten oder verfälschten O.K.beat sich verschafft und ihn unrechtmäßig öffentlich zu Gehör bringt, wird mit Pommes rot-Weiß nicht unter drei Stunden monatlich

bestraft. .... oder muss bei Angy Merkel nachsitzen. Das gleiche gilt natürlich, wenn man Angy Merkel nachmacht!

Wer Angy Merkel nachmacht oder verfälscht und Angy Merkel sich verschafft, um sie in Verkehr zu bringen, wird mit Heidi Klum nicht unter drei Stunden täglich bestraft!

***

Klagegedicht von Tina Olmenbügel! - oder - Der Inzest!
am 16.10.05

Mein Bruder,
du Luder,
du hast mir nass jemacht!
Ick hab dir heut zum letzten Mal
Een Kasten Bier jebracht!

Mein Bruder
Du Luder
Du hast mir anjefasst
Ick hoffe det de det
Zum letzten mal hier machst!

Mein Bruder
Du Luder
Du hast nich uffjepasst!
Und hast ma imma wieda
So dämlich anjefasst!

Mein Bruder
Du Luder
Ick jeh zur Bullezei
Denn kommste in'n Kasten
Und ick bin endlich frei!

Klamottenkauf
am 3./4./7.12.08

Wir Männer sind, wenn es um den Einkauf von Klamotten geht, oft sehr einfach ... gestrickt .... muss man in diesem Falle wohl wirklich sagen.

Ich für meinen Teil hasse es und gehe mir so ein Teil immer erst dann kaufen, wenn nichts anderes mehr geht, will sagen, wenn das, was ich da so trage, buchstäblich aus den Nähten fällt.

Ich weiß beim besten Willen nicht, wie Frauen es schaffen, stundenlang zu shoppen, ohne zu kaufen. Wenn ich in so einen ominösen Klamotten-Laden gehe, flüchte ich dort meist nach spätestens zehn Minuten ... mit vollständig bezahltem Einkauf.

Dabei gehe ich gezielt vor! Alles, wo nicht XXL drauf steht, geht mich nichts an. XXL passt, das weiß ich! Aber schon bei 3-XXL beginne ich zu zweifeln! Meinen die jetzt, da sind drei Unterhemden drin? Oder sind die einfach nur dreimal so lang?

Bei reellen Zahlenangaben passe ich! Größe achtundfümmzich .... Mh! Ist damit jetzt der Radius des Bauches, die Weite der Löcher, aus denen der Körper hinaus lukt, Rauminhalt, Volumen, die Distanz bis zur nächsten Kneipe oder die Linksdrehung des EmZett-Joghurts bei Kaiser's gemeint? Mit solchen Zahlen bin ich wirklich überfordert!

Gut, also ich weiß, dass meine Kopfgröße ... ganz wichtig für Stahlhelme und Armee-Mützen, bei 59 liegt ... war halt schon immer ein „großer Denker".

Ich weiß auch, dass ich bei Schuhen, ich trage die Größe 47, nicht mehr danach gehen kann, was mir, auch preislich, gefällt, ich kann bei dieser Schuhgröße einfach nur noch nach „Passt" oder „Passt nicht" gehen ... und das eine Paar, was dann passt, das kaufe ich, aber bei richtigen Klamotten passe ich wie beim normalen Skat-Spiel, es sei denn, ich kann da ein Null oder Nullouvert spielen.

Regenschirme geht auch noch. Oder ein Schal! Ein Schal passt komischer Weise immer irgendwie, ... so wie auch eine Krawatte, aber bei Unterhosen wird es dann zum Teil wortwörtlich knifflig!

Früher hat mir Muttern immer Zeugs gekauft oder meine Geliebte. Muttern ist nun tot, so brauche ich mich also nicht in Größe L zu zwängen und dann japsen: „Pff ... Passt!

Meine gut Tina hingegen konnte sich immer ausschütten vor lachen, wenn sie meine Hosenzelte von der Wäscheleine nahm. Seitdem kaufte ich auch Hosen allein.

Wenn garnichts geht, gehe ich halt auf dem Wochenmarkt seit Jahren zur immer gleichen Vietnamesin. Die kennt meinen Eisbein gestählten Körper besser, als ich! Wobei ich auch immer bei der bei der Frage: „Plobielen?" ausweiche mit: „Ach na, wird schon so gehen!" und dann zu hause bei der Anprobe dann vor mich hinbrubble: „Verfluchter Esel!" und dann still für mich hoffe, dass ich in das Teil, das ich da gerade gekauft habe, vielleicht doch noch irgend wann einmal hinein wachse.

Ich habe an Umkleidekabinen beim Klamottenkauf so ganz schreckliche Erinnerungen aus meiner Kindheit. Muttern schickte einen in so einem Laden da hinein. Vorher verrieb sie, immer mit einem, mit ihrer Spucke triefend getränktem Taschentuch, den Schmutz aus meinem Gesicht und von meinen Händen. .... Bäh .... Mutter-Spucke im Gesicht ... buhä! ... damit ich sauber in die ungetragenen Klamotten käme.

Und dann diese Peinlichkeiten in der Kabine. Natürlich fiel das neue Teil vom Bügel, dann klemmte der Reißverschluss der alten Hose. Man selbst nur getrennt durch einen Vorhang vor dem Trubel im Laden, wobei man das Gefühl hat, dass „die da draußen" Röntgenaugen haben und sehen, wie dämlich man sich in diese neuen Sachen hinein zwängt.

Zwischendurch dann immer wieder Mutterns Kopf, der durch einen Spalt des trennenden Vorhangs hinein lugte. War man dann endlich in dem neuen Teil drin, musste man raus aus der Kabine.

„Geh mal ein Stück.", war die unvermeidliche Aufforderung. „Und dreh dich auch mal!" Schaulaufen vor fremden Leuten, grausam, wenn man kein Mannequin ist. Und schon hatte Muttern mit den Worten: „Probier das mal." das nächste Ding in der Hand. Der ganze Stress von vorn! Raus aus dem soeben getragenen, möglichst nichts fallen lassen, selber nicht umkippen dabei, sich im Spiegel der Umkleidekabine betrachten und denken: „Was findet Muttern bloß an diesem hässlichen Teil. Das zieh ich eh nur ungern an. Das hat viel zu wenig Taschen!"

Seit dieser Zeit sind Umkleidekabinen und ich keine großen Freunde!

Trotzdem man sich den Einkauf und die Umkleidekabine dabei sparte, fand ich die von Muttern selbst gestrickten Sachen noch schlimmer. Wochen lang wurde man beim Fernsehen gestört oder musste man die große Schlacht der Plastik-Indianer oder den Häuserbau mit Lego-Steinen unterbrechen, wenn Muttern so ein Teil in der Mache hatte: „Zeig mal deinen Arm!"

Und dann die Antwort auf die Frage: „Mama, was wird das wieder?" „Siebenundvierzig, achtundvierzig .... zeig mal nochmal deinen Arm!"

Wolle mag zwar warm halten, aber sie piekt!

Muttern glaubte mir das Jahrelang nicht. „Nun hab dich nicht so. Ist doch ganz weiche Wolle, so von einem ganz lieben Schaf. Das kann überhaupt nicht pieken!"

Erst, als ich schon relativ groß war und die für mich verbrauchte Wolle preislich fast den Neukauf eines Teils aufwog und infolgedessen auch Vatern bestrickt wurde, kam allmählich meine Erlösung, weil Wolle auch bei Vatern pikte.

Die angebotene Alternative: „Na, dann ziehste eben noch was Langes drunter!" nutzte ich freiwillig auch im Hochsommer.

Muttern liebte es auch, meinen gut vier Jahre jüngeren Bruder und mich in dieselben Klamotten zu zwängen. „Ach, das sieht so süß aus! Wie eine Familie!" „Ja, Mama, aber ich bin ein eigenständiges Individuum und anders gestrickt, als meine Keule. Ich beharre auf meinem Individualismus und meine persönliche Eigenständigkeit!", hätte ich ihr damals zurufen sollen. Ich hasste es, so auszusehen, wie mein blöder Bruder!

Aber diese Gleichmacherei kam bei uns zum Glück nur höchst selten vor, da mein Bruder aus finanziellen Gründen damals immer dazu verdammt war, meine abgelegten Klamotten aufzutragen.

Ja, ja, das Zeugs, das Muttern einem früher verpasste, war immer bunt, unpraktisch und pikte. Gleichwohl sparte man heutzutage Geld, wenn man zu Ostern, Weihnachten, zum Geburtstag und als Nikolausüberraschung regelmäßig Socken bekäme.

Klamotten müssen bei mir eher praktisch sein und müssen nicht aussehen. Je mehr Taschen eine Hose hat, um so besser. Hemden trage ich, weil Pullover meist keine Brusttasche für Stifte haben. Eine Jacke für draußen muss viele Taschen, für Stifte, Handy, Schlüssel, haben, mich im Winter warm und im Sommerregen trocken halten und seit meiner Armee-Zeit weiß ich, dass lange Unterhosen zwar ein Lacher für die Freundin, die schon im Bett liegt, sind, sie aber wunderbar warm halten.

Neulich entdeckte ich Stiefel im Sonderangebot, mit einer Größenangabe, die mir überhaupt nichts sagte. Sie waren mit irgendwelchen, Zähne schädigenden Utensilien gefüllt: „Zum 6.12. – Nikolaustag!"
Also, ob mir diese Stiefel gepasst hätten?

***

Klein Leonies Kindergeburtstag
am 23.11.2013

Mein Computer lief noch. Ich hatte auf ihm an diesem Vormittag zwei Hörfunksendungen vorbereitet und ein wenig Online-Werbung für die Crazy Words gemacht, über Mittag hatte er im Stand by geschlummert und soeben hatte ich einen Flyer für meine nächste Stadtführung auf ihm fertig gemacht.

Wir hatten noch eine gute Stunde Zeit, bis wir zum Kindergeburtstag zu Peter und Steffi nach Kreuzberg los mussten. Deren Tochter Leonie wurde heute süße drei Jahre alt. Ich freute mich schon auf Schwarzwälder Kirsch … und den Whisky danach und auf das strahlende Gesicht meiner Tina wenn wir nach dem Kaffee unser Geschenk, natürlich eine echte Barbie, an Leonie überreichen würden und auf den Whisky danach und auch auf das Abendessen mit lauwarmen Grillwürstchen und noch gefrorenem Kartoffelsalat … und auf den Whisky danach …

So recht wusste ich in dieser Stunde vor unserer Abfahrt nichts mit mir anzufangen. Noch ein Spiel am PC starten, wäre quatsch, zum ausgiebigen Kuscheln mit meiner Tina

reichte die Zeit nicht, fertig machen lohnte sich noch nicht ..
Es war also irgendwie diese Stunde vor dem Geburtstags-
Stress.

Und so kam ich auf die Idee, auf meinem Rechner mal
schnell noch die Antivirensoftware upzudaten. Was man da
halt so hat, Firewall, Echtzeit-Virenscan, Antispyware.
So etwas müsste man eigentlich in zehn Minuten schaffen.
Eine ganze Stunde war schon reichlich bemessen. Mein
Computer könnte dann in aller Seelenruhe, während wir mit
Peter, Steffi, Leonie und Familie und Freunden feierten, den
wöchentlichen Virenscann durchführen.

Ich hatte noch nicht mein Avira gestartet, da meldete sich
bereits der Adobe-Flash-Player und wollte sein neues
Update. Ich ließ meinen Rechner machen, stellte während
dessen schon mal meine guten Schuhe auf den Flur und
putzte sie. Kaum waren die Schuhe fertig und das Update
vollzogen, wollte mein PC einen Neustart.
Auch dies gewährte ich ihm, während ich mich rasierte und
Tina irgendwelche Farben auf ihrem Gesicht verteilte, die
garantiert nicht an Tieren getestet waren.

Unmittelbar nach dem Neustart meines Computers meldete
sich von allein meine Firewall und fragte, ob ich das
wöchentliche Sicherheitsupdate und den anschließenden
Kurzscan genehmige.

Tina packte geduldig unser Geschenk ein, als unser PC
einen erneuten Neustart einforderte.
Kein Problem, dachte ich, du hast ja noch zehn Minuten.

Während der Rechner erneut hoch fuhr, zog ich mich, im
großen und ganzen, schon mal um.

Mir baumelten noch meine Hosenträger herab als Tina fragte: „Hast du eigentlich daran gedacht, die Geburtstagskarte noch auszudrucken?"

„Du", sagte ich, „ich wusste doch, da war noch was. Ich mach das mal noch schnell. Kannst mir ja in der Zwischenzeit schon mal meine Krawatte und das Sakko rausholen."
Tina liebte es, wenn ich Krawatte und Sakko trug, was ich allerdings in ihren Augen viel zu selten tat.

Als ich nach umständlichem Suchen endlich das entsprechende Word-Doc auf dem PC fand, ich wusste nicht mehr so genau, ob ich es unter dem Leonie oder dem Peter plus Tina-Ordner abgelegt hatte und auch nicht, ob es unter Geburtstag oder unter Leonie oder unter Karten oder unter Glückwünschen lag, öffnete und es drucken wollte, verlangte erst der Drucker sein neues Sicherheits- und gleich danach Open Office sein eigenes neues Sicherheits- und im letzteren Falle sogar noch ein wichtiges Produkt-Update.

Tina quengelte in der Zwischenzeit schon auf dem Flur.
Sie musste los!
Wir mussten los.
Aber dieses eine Sicherheitsupdate war sicher wichtig und sooo schnell erledigt!

„Tina, ich komm gleich nach! Geh du schon mal zur Straßenbahn vor!", rief ich ihr über die Schulter zu.
Tina brummelte irgend etwas, das ich wohl besser nicht verstehen sollte. Die Wohnungstür klappte zu, ich setzte mich an meinem Arbeitsplatz aufrecht, und mein Rechner … der rödelte sich plötzlich fest.

Hilfe! Affengriff – Task-Manager . CPU-Leistung bei hundert Prozent – Warnmeldung: Programm reagiert nicht mehr - Affengriff – Affengriff – keine Reaktion – letzte Rettung: der Kaltstart!

Tina per Handy anrufen:
„Fahr schon mal vor und iss ein Stück Kuchen für mich mit. Ich komme gleich nach!"

Und während sich mein Rechner langsam wieder hoch fuhr, goss ich mir das erste Glas Whisky ein.
Also das letzte Update nochmals laden, den PC damit erneut neu starten ... ein weiteres Glas Whisky eingießen …

Ich weiß nicht, wann Tina nach hause und wie ich in mein Bett gekommen war.
Im schlaf wälzte ich mich und träumte von wilden Sicherheits-Updates für alle möglichen Computer-Programme und von Sicherheitsupdates für Whisky und für Tina.
Am nächsten Morgen fand ich die Flasche Whisky halb leer.
Der nächste Morgen … ein Sonntag … nichts wirklich Wichtiges zu tun.
Tina erzählte mir, dass die Geburtstagsfeier von Leonie ganz nett gewesen sein soll, nur Peter habe sich ständig zu hause an seinen Schreibtisch verdrückt, um noch schnell irgendwelche Sicherheitsupdates für ihren PC herunter zu laden und zu installieren.

Sonntag halt! Tina und ich kuschelten, auf unserem Computer ließen wir irgendeine DVD mit einem belanglosen Film laufen. Kein Internetradio war zu machen, kein Text dampfte leise vor sich hin, die Flyer waren fast fertig und Öffentlichkeitsarbeit konnte ich auch wieder morgen machen.

Nichts Wichtiges also an diesem Sonntag. … und unser Rechner brauchte keine neuen Updates und keine ständigen Neustarts!

- - -

Wir wissen ja alle, dass „ich mach mal schnell am Computer" bedeutet, dass der Rest des Tages gelaufen ist.

***

Knete-Gedicht
am 14./15.8.09

Ach, hätte ich nur Knete,
dann ginge es mir gut,
ich kaufte mir Tapete
und einen neuen Hut.

Ich könnt'"n Dampfer kaufen
Und auf der Spree rum fahr'n
Ich konnt' auch was versaufen
Und mir'nen Schweinskopf gahr'n

Ich würd' mir Frauen leisten
Ein' ganzen Harem gleich
Mich liebten dann die meisten
Ich lebte auf'nem Deich

Ach hätte ich nur Knete
Das würde ich euch schwörn
Ich machte eine Fete
Ihr würdet davon hör'n

Doch leider fehlt mir Knete,
Penunse, Kohle, Geld
Drum mach ich solch Gebete
Hier vor der ganzen Welt!

Langeweile
am 18.11.06

Wie immer, wie schon seit Jahren, klingelt der Wecker morgens um sieben und wie immer stehe ich darum halb auf, gebe ihm eine Klatsche auf's Dach und kuschel mich nochmals in die warmen Federn. Der Traum eben von Tina, Sabine und Katchen war so süß ... . Ich versuche einen Anschluss zu finden, gleite aber nur weg in die Dunkelheit.
Um kurz vor acht weckt mich der Lärm der Bauarbeiter im Haus. Mühsam und schlaftrunken reibe ich mir die Augen, quäle mich aus dem Bett und schlurfe zum Aquarium. Als ich dessen Licht anmache, blendet es mich und ich flüchte erneut in mein Bett. Mit offenen Augen liege ich im Halbdunkel, lausche und sinne. Die Belüftung des Aquariums flattert regelmäßig. Vor dem Haus hört man einen Bauarbeiter fluchen. Spatzen balgen sich auf meinem Fenstersims lautstark um ein paar Krumen Vollkornbrot, die ich gestern dort gestreut habe.

Was wollte ich heute eigentlich so machen? Vormittags? Ach, war wohl nicht weiter wichtig. Und nachmittags? Was kommt heute überhaupt im Fernsehen? Um in die Programmzeitschrift zu sehen, müsste ich aufstehen ...
So gebe ich mir einen Ruck, wälze mich aus den Kissen und habe bereits mit einem Blick in diese Zeitschrift erhascht, dass sich das Fernsehen auch heute nicht wirklich lohnt. Immer das gleiche: doofe Casting-Shows, uralter Tatort und das ZDF bringt heute zur Abwechslung auch nur mal wieder "Volksmusik".

Ich schlüpfe in das T-Shirt von gestern, entsorge auf dem Weg zum Bad Unterhemd, Schlüpfer und Socken in der Waschmaschine, gehe erst aufs Klo, mache mir dann in der Küche warmes Wasser für die Rasur, putze Zähne, reibe meinen Oberkörper mit Lappen und lauwarmem Seifenwasser ab und betrachte schließlich mein Gesicht ausgiebig im Spiegel. Also dieses eine Nasenhaar war gestern noch nicht! Ich bin mir sicher! Mit einer Pinzette und unter umständlichen Verrenkungen zupfe ich genüsslich.

Es ist bereits neun als ich mich, noch immer nur mit dem T-Shirt von gestern bekleidet, in meinen Fernsehsessel fallen lasse. Nachrichten schauen ist immer wichtig. Mönsch Kay-Sölve Richter sieht an diesem Morgen aber wieder knackig aus ... Nach "heute" mache ich einen Abstecher zum Aquarium. Volkszählung ist angesagt. Alles lebt, alles schwimmt und ist schon wieder hungrig. So patsche ich zum Kühlschrank, taue einen Würfel Cyclopia in einem halben Joghurtbecher Wasser auf und füttere die hungrigen Mäuler. Allmählich meldet sich nun auch mein Magen und ich beginne, mir den Frühstückstisch zu decken. Endlich entsorge ich nun auch das T-Shirt von gestern, kleide mich in der Kammer an, neble mich im Bad mit Deo ein, mache das Bett, zerre die Jalousien nach oben, öffne die Fenster, starte die Waschmaschine, lege die Wäsche von gestern zusammen, gieße meinen Gummibaum und besprühe den Farn. Wenn man genügend Zeit hat, wird selbst das Kaffeekochen zu einer äußerst umständlichen und wichtigen Tätigkeit. Ich mahle die ganze Bohne von Hand auf feinster Stufe. Knapp zwanzig Minuten brauche ich dafür. Zwanzig Minuten, in denen es nichts anderes, wichtigeres zu tun gibt, als meinen handgemahlenen Kaffee!

Es ist schon um zehn, als ich mich wieder im Sessel niederlasse, frühstücksbereit, während mir Kay-Sölve erneut das neueste aus aller Welt erzählt. Noch vor dem ersten Bissen lese ich nun im Videotext noch Regional-Nachrichten, Horoskop und Kalenderblatt. Als schließlich der Kaffee kalt genug und trinkbar ist, beginne ich endlich zu speisen.

Das zieht sich, denn man soll ja sein Essen nicht schlingen.

Zum ersten Male an diesem Tag mache ich in der Küche meinen Abwasch. Die Wäsche ist nun auch schon fertig und wird gleich aufgehängt. Verstohlen schaue ich zum Schreibtisch, über dem ein großer Zettel prangt: Meine Arbeitszeit 9.oo bis 16.oo Uhr! Doch davon lasse ich mich nicht einschüchtern. Das Wetter scheint ja wohl heute ganz schön zu sein. So schlendere ich auf den Balkon, spüre warme Sonnenstrahlen und zu kaltes Lüftchen. Brrr, ist das kalt! Eine Inventur im Kühlschrank ergibt, dass die Margarine heute sicher noch reicht, aber es schadet auch nichts, wenn ich schon Nachschub hole. Jogginghose wird gegen Jeans getauscht, Schlabber-T-Shirt gegen "ein ordentliches" und mein Kinn tunke ich auch in eine Hand voll Rasierwasser. Schon geht es los.

Am Zeitungskiosk das übliche Gespräch: "Hallo Meister, wie geht?" "Jut Chef! Und selber?" "Bestens!" "Wie imma?" "Klar doch." Ich zahle und bekomme mit der Zeitung gleich noch eine Hand voll Werbung für Autoversicherungen, Kapitalanlagen und Möbelhäuser. Ich setze meine Runde fort. Beim Türken erstehe ich eine Hand Bananen, das Kilo für nur 50 Cent, die auch wie 50-Cent-Bananen aussehen, aber für meinen Entsafter genügen. Bei Plus kaufe ich Parmesan, bei Aldi meinen Bergkäse, bei Netto die Gummibärchen und bei Norma endlich auch die nötige Margarine und ein tiefgefrorenes Fertiggericht für nur 1,39 €uro.

Mittlerweile ist es warm geworden. Liegt es daran, dass ich mich bewegt habe oder daran, dass es längst Mittagszeit ist? Ist es bereits Mittag? Scheint wohl so, denn vor der

Würstchenbude auf der anderen Straßenseite stehen die Leute. So setze also auch ich mich im angrenzenden Park auf eine Bank, lese die Werbung und überfliege die Zeitung. Heidi Klum ist SCHON WIEDER schwanger! Bockt die mit ihrem Seal nur noch rum?

Ich werde aus meinen Gedanken gerissen, weil plötzlich irgendwer vor mir steht. "Hey Udo, was machst'n du hier?" "Spazieren gehen!", bekomme ich zu hören. Udo hat wohl keine Zeit, sagt er, deshalb erzählt er mir ausgiebig, dass sein Kater seit gestern harte Knödel kackt, dass er neulich Tina getroffen hat und mich letzte Woche im Radio hörte und schon zischt er wieder davon.

Mein Magen grummelt und so mache ich mich endlich auf den Heimweg. Spannende Frage: War denn die Post schon da? Im vorbeigehen grüße ich den Döner im Vorderhaus, schlendere aber doch noch die Straße hoch zu Marie. Kleiner Small-Talk von zehn Minuten wegen der guten Nachbarschaft. Schließlich doch noch zurück. Im Erdgeschoss, beim Briefkasten öffnen, wieder nur Werbung und Rechnungen, begegnet mir ein grinsender, staubiger Bauarbeiter. "Na Chef, wieder fleißig?", frage ich und bekomme ein "Na logo!" zurück.

In meiner Wohnung angelangt verstaue ich die Einkäufe bis auf das Fertiggericht. Da muss ich erst die Bedienungsanleitung lesen: "Entfernen sie den Deckel und legen sie die Schale für fünfunddreißig Minuten auf der mittleren Schiene ihres, auf 180° Celsius vorgeheizten Backofens." Und wie immer in diesen Fällen ärgere ich mich! Was, zum Teufel, sind 180°C in meinem Backofen? So entzünde ich das Gas, schließe die Ofentür, drehe den Hahn auf Stufe vier bis fünf, starte dann im Wohnzimmer meinen Computer, lege bei meiner Rückkehr in die Küche die Menüschale in den Ofen und stelle auf der klingelnden Küchenuhr vierzig Minuten ein.

Nun, endlich geht es los! Der Computer ist hochgefahren und hat sich noch nicht einmal aufgehängt. Der scheint heute seinen guten Tag zu haben. Schnell logge ich mich im Internet auf meiner E-Mail-Seite ein. Na, immerhin, vier Mails bis heute, darunter eine dringende. Micha von der Zeitung! Als ich öffne, lese ich: "Hi Rolf, kannst du mal deinen Artikel nochmal kurz überfliegen? Wir mussten ihn leider etwas kürzen." Ich öffne den Anhang, überfliege, ändere drei Worte und schicke zurück. Ausloggen, Blick auf die Eieruhr .... mh, noch zehn Minuten. Zu wenig, um noch etwas richtiges zu beginnen, zu viel, um nur Fische zu füttern. Deshalb starte ich eines der Spiele und bin für wenige Augenblicke "Commandante" auf einer Karibik-Insel. Ich errichte ein Wohnhaus sowie eine Ziegenfarm und eliminiere den Chef der örtlichen Opposition. Endlich klingelt die Küchenuhr! Mir klappern schon die Schläuche. Ich beende das Spiel und kümmere mich um mein Mittag. Mit Esswerkzeug und Teller bewaffnet versinke ich im Sessel vor dem Fernseher. Die "heute"-Moderatorin hat gewechselt. Anja Charlét unterrichtet mich über das Neueste aus aller Welt, während mein Essen auf verzehrbare Temperatur abkühlt. Kein Wunder, dass ich Hunger habe! Mittlerweile ist es nämlich schon nach 16 Uhr!

Endlich ist es geschafft! Das Mittagessen, die Hauptmahlzeit des Tages, ist vertilgt und ... macht müde. Die Couch ist nicht weit. Während auf "Kabel 1" Raumschiff Enterprise in unentdeckte Galaxien startet, träume ich beim leise gestellten Fernsehton von romantischen Abenteuern mit Counselor Troi. Der Beginn der letzten, laut dröhnenden Werbepause, weckt mich. Wie schon einmal an diesem Tag, verbringe ich einige Minuten damit, mir eine Hand voll Kaffeebohnen zu mahlen. Der Becher Kaffee ist genau in dem Moment fertig, als im RBB die 17-Uhr-Abendschau beginnt, meiner wichtigsten

Informations-Sendung am Tage. Nach dem Wetterbericht zappe ich wieder zum ZDF und komme gerade noch rechtzeitig dazu, mir von Yvonne Rannsbach in "Hallo Deutschland" erklären zu lassen, warum Heidi Klum denn nun schon wieder schwanger ist.

So richtig mag ich mich zwar vom Fernseher nicht trennen, aber dies wäre jetzt eigentlich ein guter Zeitpunkt, mir aus den Billig-Bananen von heute und den preiswerten Äpfeln von gestern einen schönen Liter frisch gepressten Saft zu machen. Und schon werkle ich für die nächste halbe Stunde wieder in der Küche. Ich schneide Bananen, entkerne Äpfel, schäle eine Zitrone, und schließlich, als der Saft endlich in einer Karaffe schimmert, mache ich meinen zweiten Abwasch am Tag.

Auf dem Bildschirm meines Computers flattern indes noch immer irgendwelche Fenster sinnlos vor sich hin. Ich kann das von der Küche aus sehen!

Endlich, endlich setze ich mich nun auch zum Arbeiten an den PC. Die ganzen Vorabendserien im Fernsehen sind eh nur Dreck. Ich suche mir die Text-Datei, an der ich zuletzt gearbeitet habe, lese und versinke sofort in dumpfes brüten: "Sie war zu ihm gekommen und sagte ..." ... mh ... Was sagte sie denn nun? Die kann doch nicht gleich was zu ihm gesagt haben. ... mh ... Ich ändere in: "Sie war zu ihm gekommen, zog ihre Jacke aus, legte sie übers Bett ..." ... übers Bett? Jetzt schon?

Ich verliere die Lust, gehe aus dem Programm und quäle noch ein paar Siedler, bevor mir auch dies zu langweilig wird. Kurz nach 20 Uhr komme ich auf die glorreiche Idee, mich ans Telefon zu schwingen, um schnell mal Tina anzurufen. Tina hat Arbeit, also noch einen Job und so kann sie mir ausführlich erzählen, was ihr Chef heute gesagt und getan und was der Azubi alles nicht getan hat.

Der Abend zieht sich und es ist bereits halb zehn, mittlerweile habe ich als Commandante weitere Oppositionelle gekillt, als ich mir den Abendbrot-Tisch decke. Dieser steierische Bergkäse ist aber auch immer und immer wieder lecker, stelle ich fest.

Was folgt ist die letzte Runde für mich. Fische füttern, PC runterfahren, in der Küche einen Becher mit Müsli füllen, mir den an die Couch stellen, alles Licht aus, alle Türen zu und nun nur noch der Fernseher, mein Müsli und ich. Im Halbschlaf bekomme ich auf der Couch liegend per ARD-Nachtmagazin und Anja Bröker mit, dass Heidi Klum wieder mal schwanger ist. Bevor ich ganz wegdrusel, ziehe ich mich aus und wechsle nur noch das schnell das Schlafmöbel. Während mich der Schlaf einlullt frage ich mich auch heute wieder, so wie fast jede Nacht seit Jahren: Junge, was hast du heute eigentlich den ganzen Tag lang gemacht?

***

Weinverkostung in der KGA Bornholm 1 und wir Lesebühne Be-Ton-Werker das Kulturprogramm. Ich war als einziger von uns so klug, einen dem möglichen Alkoholpegel angepassten Text vorzubereiten! Micha begann, dabei entstand raunen im Raum. Bei Stines Text wurde es sehr, sehr unruhig. Bei diesem Text hier von mir wurde es wieder ruhig und ich hatte sogar einige Lacher. Nach mir nochmal Stine, wieder Unruhe und bei Dave, unserem Halbpunk, kamen dann laute Buh-Rufe und Aufhören-Rufe.

Lasse mer's Krache
am 6.10.06

Jo mei! Wolle mer's krache lasse?

Auf einem riesengroßen Gipfel,
stand ein Mann mit seinem Zipfel.
Schaute abwärts auf die Almen,
dort wuchsen leider keine Palmen.

Wundert sich auch gar nicht weiter,
das Wetter war wohl gerade heiter,
freute sich ganz doll verrückt,
weil er gerade Heidi fickt!

Denkt dabei an Berg und Tal
Und mit Heidi ist's 'ne Qual,
immer wieder rauf und runter,
mal mit ihm und mal mit Gunter.

Heidi bläst so wunderschön,
besser als im Herbst der Fön
und so jodelt er verrückt,
weil Heidi heut' ihn beglückt.

Jodeln wurde so erfunden,
bei der Heidi, über Runden!
Und der Milka lila Kuh,
schaute ihm beeindruckt zu.

***

Lassies Geist
am 8.2.09 – verschliffene Fassung

Ich habe mir vor einiger Zeit, aus rein sentimentalen Gründen, die erste Staffel „Lassie" auf DVD gekauft.
Sechzehn Folgen in Schwarz/Weiß, davon alle synchronisiert, aber nur die Hälfte damals im deutschen Fernsehen gelaufen. Gedreht 1958, ausgehendes Eisenhower-Zeitalter. Nikita Chruschtschow gerade an der Macht, kalter Krieg in den Medien, der erste Sputnik soeben gestartet und „Rock'n Roll" hielt man noch für eine Krankheit.
Im Süden der USA volle Apartheid. Das muss man wissen, um zu verstehen, warum diese Serie so gedreht wurde, wie sie gedreht worden ist. Sie hatte als Zielgruppe die gutbürgerliche Mittelschicht im mittleren Westen der USA.

Das damals absolut revolutionäre an der Serie war, dass sich in „Lassie", einer Kindersendung, offen „Ma'" und „Pa'" mitten im Bild küssten .... und dabei manchmal auch noch rangezoomt wurde!!!
Das die Tiere, die verwendet wurden, mit äußert brutalen Methoden „dressiert" wurden, merkt man, kann es aber nicht mehr ändern. Tierschutz gab es damals nun mal noch nicht.

Und so liefen die fünfundzwanzig Minuten langen Folgen ab:

Aufblende! „Pa", von den anderen Erwachsenen „Paul" genannt, bastelt an irgendeinem landwirtschaftlichen Gerät herum, einem Trecker, einer Wasserpumpe oder einem zweiten Trecker.
Erstaunlicher Weise ganz ohne dabei schmutzige Hände zu haben. Wenn er zufällig doch einmal im Laufe einer Folge

schmutzige Hände bekommt, spült er sich selbst hartnäckigstes Motorenöl einfach nur mit fließendem Wasser ab. All seine Hemden und Hosen, er trägt aber nie eine Arbeitshose, sind immer frisch gewaschen, frisch gebügelt und frisch gestärkt.

Sohn Timmy taucht nun auf. Timmy soll angeblich mindesten neun Jahre alt sein, wirkt aber von der Größe her eher wie ein fünfjähriger. Natürlich ist Timmy blond und hat gleichfalls tadellos, makellos frische Wäsche an. Die Synchronstimme lässt ihn ein absolut fehlerfreies, überdeutliches, sehr gestelztes Deutsch reden. Timmy hat ein Problem und erzählt das seinem Vater.

Lassie, tadellos gebürstetes Fell, kommt Schweif wedelnd dazu.

Nun erscheint auch „Onkel Petry", von dem man annehmen darf, er sei Timmys Opa, er wird aber ständig nur „Onkel Petry" genannt.
Onkel Petry trägt erstaunlicher Weise eine Arbeits-Latzhose und einen Strohhut.
Seine Klamotten sind dennoch tadellos gebügelt und porentief rein.

Onkel Petry macht auf dem Hof die niederen Arbeiten, die anfallen, weshalb man ihn ständig beim Füttern von Hühnern, Schweinen, fremden Miezekatzen oder zugelaufenen Rehkitzen sieht. Manchmal streicht er auch gerade irgendein Objekt, weshalb er dann einen Malerpinsel und einen Farbtopf während einer ganzen Folge in die Hand bekommt und nun beides sinnlos von rechts nach links und von links nach rechts trägt.
Onkel Petry ist so der Dusselkopf der Serie, währenddessen man Lassie schon in der ersten Szene anmerkt, dass sie über

alles bestens Bescheid weiß und sich fragt, warum man die Folge nicht gleich nach ein paar Minuten beenden kann.

Als Timmy sein Anliegen losgeworden ist und alle, auch Lassie, ihn mitleidig anschauen, betreten alle das Haus durch die Küche, in der „Ma" oder „Ruth", je nach Standpunkt, voll im arbeiten ist.
Ruth hat makellos glatte Hände, lackierte Fingernägel, eine tadellose Frisur, Zahnpastalächeln und für alles Verständnis.
Sie läuft immer in Hackenschuhen herum. Auch ihre Kleidung ist gestärkt und garantiert ohne jeden Makel.
Sie ist stolz auf ihre Hausarbeit und auf ihre Kochkünste.
Ganz selten sieht man sie auch Hühner auf dem Hof füttern.

Nun wird auch „Ma" gefragt, die aber ihren Rat mit den Worten beendet: „Aber das wisst ihr Männer ja besser, als ich."

Timmy stürmt nun hinaus auf den Hof, oder in den Wald ringsum oder er trifft sich mit seinem besten Freund Boomer.
Boomer ist etwa zweieinhalb Köpfe größer als Timmy, hat einen fetten Schwabbelbauch und spricht auch gestelztes Hochdeutsch.
Boomer ist gutmütig, aber ein bisschen doof, so wie Dicke es nun einmal seien müssen.

Beide, Timmy und Boomer, unternehmen etwas.
Dabei geschieht das unvermeidliche, große Unglück!
Sie werden von Marienkäfern angefallen, kriechen in eine alte Scheune, deren Tür plötzlich durch einen Windstoß für immer verriegelt ist oder sie finden ihre Lehrerin, die auf einem Feldweg beim Vögel beobachten umgeknickt ist und nun nicht mehr laufen kann.

Der nun folgende Dialog läuft in jeder Folge gleich ab:
Timmy: „Wir müssen meinen Pa holen."
Boomer: „Dann müssen wir jetzt deinen Pa holen."
Timmy: „Nur mein Pa kann uns da helfen!"
Boomer: „Na, dann muss uns wohl dein Pa helfen."
Timmy: „Lassie, kannst du Pa holen?"
Boomer: „Ja, Lassie, kannst du Timmys Pa holen?"
Timmy: „Los Lassie, lauf!"
Lassie rennt daraufhin sofort los.

Erst jetzt versuchen beide Jungen sich selber zu helfen.
Timmy: „Ach, wenn wir doch nur einen Ast hätten."
Boomer: „Ein Ast, der könnte uns jetzt helfen!"
Timmy: „Dann gehen wir mal schnell einen Ast suchen."
Boomer: „Gut, wir holen jetzt einen Ast."
Beide rennen nun los.

Lassie galoppiert unter dessen über weite Felder, huscht durch Gebüsche, springt über Zäune, durchwatet Sümpfe, durchschwimmt Bäche, rennt über Feldwege und weite Flure bis sie schließlich am Farmhaus anlangt.
Weil sie ständig wedelt und „Pa" wegziehen will oder Onkel Petry oder „Ruth", folgen sie nun Lassie. Dazu benutzen sie meist ihr Auto, so einen Dodge mit offener Pritsche hinten.

Revolutionär für die damalige Zeit: auch „Ma" darf gelegentlich das Auto fahren. Selbst den Chevrolet, den Chevi mit den großen Heckflossen, der für die Fahrten bei Szenen ins Dörfchen Calverton gebraucht wird, darf „Ma" manchmal auch alleine fahren!

Nun geht alles ganz schnell! Lassie düst vorn weg, der Dodge mit den drei Erwachsenen düst hinterher und man befreit die beiden Jungen aus ihrer misslichen Lage.

Timmy: „Aber ohne meine Lassie, hätten wir das nie geschafft."

Boomer: „Ja, deine Lassie ist ein toller Hund."

Timmy: „Meine Lassie ist der beste Hund der Welt, nicht wahr, Pa?"

Und „Pa" nickt und sagt: „Ja, Timmy, was haben wir für ein Glück mit unserer Lassie."

Onkel Petry: „Deine Lassie, Timmy, nicht wahr, ist die Beste."

Und „Ma" küsst ihren Paul und sagt: „Das Essen ist fertig! ... Auch für dich, Lassie!" ... Abblende.

So schön kann Fernsehen sein. Jede Folge in sich geschlossen, der Handlungsfaden vorhersehbar und alle Probleme auf der Welt werden allein durch Lassie beseitigt.

Ich will auch so'n Hund!!!

***

Das Leichtathletik-Gedicht
Rolf Gänsrich 16.8.09

Es fuchtelt rum, mit seiner Lanze
Der Leicht-Athlet Hans-Georg Franze
Den Linienrichter sah er nicht,
weshalb ihn seine Lanze sticht!
Mit Brille wär das nicht passiert,
denkt Hans-Georg Franze ganz pikiert
Schon macht er kehrt und stolpert über
'n Quakfrosch. Der ist nun hinüber!
Drum merke, wenn dich der Hafer sticht,
vergiss bloß deine Brille nicht!

***

Leitfaden - für Leute, denen das Jobcenter in seiner grenzenlosen Güte eine MAE übergeholfen hat
am 8.1.08

Viele, die seit Jahren „richtiges" Geld verdienen und die davon auch noch so gut leben können, dass sie vom Jobcenter und Sozialamt keine Zuschüsse für Unterkunft, Miete, Kleidung bekommen, also auch Leute, die sich darüber beschweren, dass die Spritpreise wieder gestiegen sind, während ihre dicken Offroader in der Stadt nie Feldwege gesehen haben und die sich darüber unterhalten können, dass das neue Gucci-Kleid an der besten Busenfreundin einfach nur schäbig aussieht, wissen einfach nicht, was eine MAE ist. ... Nun gut, Gucci-Kleider sehen schäbig aus, aber das ist eine andere Sache.

Das Zauberwort heißt, *Mehr-Aufwands-Entschädigung!
Das sind Jobs, bei denen man, neben dem normalen Hartz-IV-Satz .... ist der Herr Hartz nicht derzeit im Knast, wegen Meineides oder so? ....auch noch bis zu 180 €uro im Monat, bei einem Stundensatz von maximal 1,50 €, dazu verdienen darf und das maximal dreißig Stunden pro Woche. Mit Miete und Hartz-IV zusammen, sind das, bei dreißig Stunden pro Woche so ca. ungefähr 6,00 €uro netto pro Stunde. Also echt gutes Geld, ... für Berliner Verhältnisse.

Firmen, die solche Jobs anbieten, müssen ihre Gemeinnützigkeit nachweisen, so die Theorie.
Während der MAE-Empfänger also ca. 180 €uro mehr bekommt, bekommt die Firma, die ihn anstellt, ca. 250 €uro! Ist also in mehrerlei Hinsicht lukrativ ... für die Firma, bekommt sie doch, neben dem Geld vom Amt, auch noch nebenbei einen hoch motivierten Angestellten gratis dazu, den man herrlich ausbeuten kann!

Für die angehende MAE-Kraft ist das auch lukrativ, bedeuten doch ca. 180 €uro mehr im Monat bei den derzeitigen Lebensmittelpreisen wenigstens den Hauch einer gesunden Ernährung. Und außerdem, wenn man eine MAE ablehnt, bekommt man die Leistung vom Jobcenter gekürzt. ... Wobei ich mich dann frage, wo man bei 382,00 € noch kürzen will. Sozialverbände sagen schon von Beginn an, dass dieser „Regelsatz" um 100 €uro zu tief angesetzt ist. Um also vor allem zu überleben, braucht man als Jobsuchender eine MAE!

Aber, seien sie gewarnt! Es gibt Vereine, in denen neben den MAE-Kräften und der einen Festangestellten, auch noch eine Vielzahl Ehrenamtlicher herum wuseln.
Lassen Sie es Sich von mir sagen: die Ehrenamtlichen sind die natürlichen Feinde der MAE's!
Die Ehrenamtlichen sind langjährige Freunde des Vereins, oder Verflossene der Chefin des Vereins, oder zu hause von ihren Frauen geknebelte Männer, die für sich im Verein etwas „Ausgleich" suchen.
In jedem Falle achten die Ehrenamtlichen wie Schießhunde darauf, dass die MAE's ihre Arbeitszeit auch ja voll ausfüllen. Das ist purer Neid! Die Ehrenamtlichen wollten eigentlich eine MAE in ihrem Verein, vielleicht schon seit Jahren, bekommen sie aber nicht. Nun arbeiten sie umsonst, also für sich selber wirklich umsonst, während irgendwelche Dahergelaufene, die unter Umständen sogar profundes Fachwissen vorweisen können, plötzlich bezahlt werden. ... in IHREM Verein!

Wenn Sie, als Langzeitarbeitsloser, tja, solche Leute gibt's heute auch noch, trotz angeblichen Aufschwungs, also eine MAE zugeteilt bekommen, lassen Sie Sich etwas Zeit und recherchieren Sie über die, Sie anstellende Firma.
Das können Sie ganz einfach im Internet! Vielleicht betreibt

ja ein Mitarbeiter der Firma eine schweinische Homepage und hat darauf schon die dicken Titten des Pinschers der Chefin, den fetten Arsch von Frau Müller und das Gemächt von Herrn Schmidt abgebildet. Neben dem reinen Informationswert ist solch eine Homepage garantiert auch unterhaltend!

Oder kaufen Sie zwei Exemplare des „Wachturms", mit denen Sie dann bei ihrer künftigen Firma inkognito auftauchen!

„Ihre Chefin, Frau Müller, hat mich vorhin angerufen und mir gesagt, sie will mit mir über Gott sprechen!"

Sie können sich auch als Tourist verkleiden, der sich verlaufen hat und in dieser Bude nur mal nach dem Weg fragt! „Entschuldigung! Wie komme ich von hier nach Liverpool? Ach, links am Schwarzen Hai vorbei? Na, dann muss ich mich verflogen haben."

Sie können aber auch den Laden betreten und einfach nach Tina fragen. Eine Tina gibt es überall! Und dann Enttäuschung heucheln: „Sie hatte mir aber gesagt, sie würde in dieser Stadt irgendwo arbeiten!"

So gut Sie aber auch vorher recherchieren, die wirklich wichtigen Dinge über diesen Verein, erfährt man immer erst, wenn man darin schon eine Woche lang arbeitet. Zum Beispiel, dass das, was sie am ersten Tag für „Gelbe Drops" hielten, eigentlich der Hustenauswurf des Pinschers von Frau Müller ist, dass Tina schon vergeben ist, oder dass ihre tatsächliche tägliche Arbeitszeit vierzehneinhalb Stunden beträgt.

Bereiten Sie Sich deshalb also gründlich auf Ihr „Vorstellungsgespräch" vor. Natürlich ist das Vorstellungsgespräch kein Vorstellungsgespräch, ganz einfach weil es eine abgekartete Sache zwischen Jobcenter und Verein ist und Sie für beide Seiten nur das Bauernopfer sind.

Dennoch, lassen Sie Sich nicht von denen überfahren!
„Ja, sie könn' eijentlich jleich hier bleim, aba's zahlen könn'
wa ihn die Woche noch nüscht!"

Stellen Sie also bei der Einstellung, noch vor dem
Unterschreiben, Fragen. Sind Sie erst einmal durch Ihre
Unterschrift gebunden, sind Sie für die nächsten Monate auf
Gedeih und Verderb dieser Firma ausgeliefert. Sklaven
hatten es da besser, als Sie jetzt, denn die waren wertvoll,
durften sich also gelegentlich auch mal erholen und wurden
von ihren Besitzern gefüttert, als MAE haben Sie solche
Vergünstigungen nicht!
Deshalb seien Sie vorsichtig mit Ihrer Unterschrift!

Stellen Sie beim „Vorstellungsgespräch" Fragen wie diese:
Hat man für Sie einen Arbeitsplatz?
Haben Sie den etwa ganz für Sich allein?
Haben Sie Arbeitsaufgaben?
Von wem bekommen Sie die, vom Chef, von Tina, von
einem der Ehrenamtlichen, vom Pinscher oder suchen Sie
Sich die selbst?
Hat man überhaupt eine Arbeit für Sie? ... denn nichts ist
nerviger, als täglich sechs Stunden plus Pause abzusitzen
und angestrengt so zu tun, als würde man arbeiten. So zu
tun, als würde man arbeiten, ist stressiger, als wirklich zu
arbeiten, glauben Sie mir! Wenn man nur so tut, als würde
man arbeiten, ist man ständig auf der Flucht! Auf der Flucht
vor'm Chef, auf der Flucht vor Tina, auf der Flucht vor den
Ehrenamtlichen!

Ist Ihr Chef an Käfighaltung gewöhnt oder schaut er Ihnen
ständig über die Schulter?
Ist Ihr Chef eventuell Freigänger und kommt nur höchst
selten mal „zu Besuch" in die Firma?
Gibt es ein WC? ... Und wenn ja, warum befinden sich die

Damenbinden im Abfalleimer auf dem Herren-WC?

Welcher Ort ist hygienischer, die Raucher- oder die Nichtraucher-Ecke? Doch Vorsicht! Ist die Nichtraucherecke keimfrei und steril, haben Sie fast nur Raucher um Sich! Nichts ist jedoch ekliger, als eine Horde Raucher, die, nach kaltem Qualm stinkend, ständig, wie eine Karawane, durch alle Räume latscht!

Von wann bis wann arbeiten Sie?

Haben Sie gelegentlich auch mal so viel Freizeit, dass Sie nach hause gehen können, um mal eine Nacht lang zu schlafen?

Können Sie den Käfig mit ihrer Meersau mit an ihren Arbeitsplatz nehmen, damit das arme Schwein wenigstens einmal am Tag regelmäßig frisches Futter bekommt?

Mit wem ist Tina verbandelt?

So, liebe Leser, liebe Zuhörer, jetzt liegt es an Ihnen! Unterschreiben Sie den Arbeits-Vertrag für die Stelle als MAE?

... Nun unterschreiben Sie schon! Sie haben ohnehin keine andere Wahl!

- - -

Der Text ist ein eigenes Erlebnis und daran ist leider nichts übertrieben. Ich hatte am 12.11.07 die MAE vom JC Pankow zugeteilt bekommen und am 13.11.07 das Vorgespräch im Verein „Herbstlaube e.V.", Dunckerstr. 76/77 im Prenzlauer Berg, das ich dort ab dem 19.11.07 mit Öffentlichkeitsarbeit beginnen solle. Fatal war, dass sich der Verein an keine seiner Absprachen vom 13.11. mit meinem Arbeitsbeginn dort am 19.11. mir gegenüber mehr gehalten hat. Eigentlich sollte ich ihrer Öffentlichkeitsarbeit „neuen Schwung" geben, aber für den Verein hieß das vielmehr im Sinne von „Wir machen das hier schon immer so!". Auf diese Art funktionierte das aber augenscheinlich nicht, während dessen meine Art sie zu machen, offensichtlich funktionierte. Aber das wollte keiner im Verein sehen. Außerdem sollte ich mich plötzlich „um die Alten" mit kümmern. Als jemand, der eine chronische Depression hat und für den der körperliche Abstand zu anderen nicht weit genug sein kann, konnte ich das schlicht nicht. „Na, nun haben sie sich mal nicht so.", bekam ich von den Ehrenamtlichen darauf hin zu hören. Nach vier Wochen stellte sich, wegen der Arbeitsumstände im Verein, ein Waschzwang bei mir ein. Jedes mal wenn ich in dem Haus etwas berührte, verspürte ich anschließend den Drang, mir die Hände waschen. Darauf hin hab ich mal kurz meine Psychologin / Neurologin kontaktiert und die meinte, ich solle erstmal den Jahreswechsel abwarten, weil da der Verein geschlossen hatte. Der Waschzwang war während der Feiertage zu hause weg. Im neuen Jahr, kaum zwei Tage wieder im Verein, hatte ich erneut diesen Waschzwang. Darauf hin hat mich mein Arzt da schließlich heraus geholt.

Der Verein macht eigentlich intern eine hervorragende Arbeit mit den Senioren. Das Fatale aber ist, dass sie noch immer die gleiche, schlechte Öffentlichkeitsarbeit machen, man dort aber auch nie neue Gesichter in dem Verein sieht.

Mensch, ich würde doch solche Möglichkeiten, wie die Zuteilung von MAE's nutzen, um solche Leute dann an den Verein als neue Ehrenamtlich zu binden, aber dieser hier genannte, bekommt nicht mal das hin. Darum gehören sie mal abgewatscht! Punkt.

***

Zum Tag des Mauerfalls am 9.November
am 4.11.2009

Also ich kann diesen Schwachsinn in den Medien, in der Zeitung und in den Fernseh--Doku's nicht mehr hören, bei Wahlen, zum Tag der Deutschen Einheit, sicherlich auch zum Mauerfall am 9.November!
Schon bei den Worten: „DDR-Regime" und „PDS, die Nachfolgeorganisation der SED" geht mir die Hutschnur hoch! Das hört sich ja an, wie eine kriminelle Vereinigung!

Was ist eine kriminelle Vereinigung?

Was haben wir alle damals gelitten! Wir haben gelitten ... unterm DDR-Regime!
Ich hatte in der FDJ viel Spaß! Ständig konnte man irgendwelche Frauen abschleppen, ich war zu –zig Konzerten und Veranstaltungen und es gab immer genug zu trinken!
Also Sex and Drugs and Alkohol! Welcher Jugendliche will das nicht? – Ich war übrigens 28 als die Mauer fiel!

Aber wir haben ja sooo gelitten im „DDR-Regime". Was haben wir gelitten! Wir haben nur gelitten! Mindesten jeder zweite von uns war im Stasi-Knast in Bautzen oder in Hohenschönhausen! Mindestens! Und wer nicht IM Stasi-Knast war, der hat wenigstens als I.M. für die Stasi selbst gearbeitet! ... Und wir haben gelitten!

Es gab nichts zu essen! Ständig mussten wir nach Grundnahrungsmitteln anstehen! Darum haben wir so gelitten, und ich hab JEDEN Tag meine Scheibe Fleisch zum Mittag gehabt! Wir haben nur gelitten. Wir konnten nicht mal in die Welt reisen! Nur von der Pazifikküste (Vietnam / Wladiwostok) bis nach Kuba (60 sm von Florida entfernt) und vom Nordmeer (Nowosibirsk) bis ans Schwarze Meer. Nach Australien durften wir nicht! Darum haben wir so gelitten!

Und nie, niemals, durften wir offen unsere Meinung sagen! NIE! Allerdings konnte ich meinen Chef mit „du dummes Arschloch" in der Öffentlichkeit anschreien, OHNE gefeuert zu werden! Und ich konnte meinen Parteisekretär bei Parteiversammlungen offen angreifen, ohne dass mir was passierte!

Aber wir haben im „DDR-Regime" nur gelitten, ... Jahrzehnte, ach was sag ich, Jahrhunderte, Jahrtausende lang haben wir nur gelitten!!!

Schlimm war, dass wir alle unsere Arbeit hatten, die obendrein auch noch regelmäßig bezahlt wurde.
Schlimm war, dass die Gesundheitsversorgung kostenlos war, dass jedes Kind einen
Kita-, Kindergarten- und Hortplatz hatte, dass das allgemeine Bildungsniveau weit höher war, als in der Bundesrepublik.
Am Schlimmsten war, dass alle Jugendlichen einen Lehrstellenplatz hatten, dass Wohnraum und Öffentlicher-Personen-Nahverkehr für jedermann bezahlbar war, dass das Bier in der Kneipe nur 49 Pfennige kostete, dass man regelmäßig in Theater- und Opernhäuser gehen konnte, so preiswert, wie es war, dass es mehr Jugendclubs und mehr und besser besuchte Tanzveranstaltungen gab (weil es bezahlbar war).
Schlimm war auch, dass wir zusammengehalten haben im Bekannten- und Kollegenkreis, dass große Familien und Alleinerziehende Vergünstigungen hatten, dass Frauen (aber auch alleinerziehende Männer) einmal pro Monat ihren arbeitsfreien, bezahlten Haushaltstag hatten, dass es

Überstunden-, Schicht- und Feiertagszuschläge für jeden Berufstätigen gab, einschließlich des 13.Monatsgehalts in Form der „Jahresendprämie", dass wir billiges Kantinenessen hatten, dass das Rechtssystem einfacher und somit durchschaubarer war, dass es, dank mehr Polizei, weit weniger Kriminalität gab, dass der Sport gefördert wurde, dass ein Trabi länger lebte, als ein VW, dass wir weit weniger Müll in Form von Verpackungsmitteln hatten, dass es keine Kredithaie gab, dass es keine Mietspekulanten gab, dass ...., dass ..., dass ich gar nicht wusste, wie beschissen der „goldene Westen" ist...!

Aber wir haben so gelitten unter'm „DDR-Regime", damals, in der „Zone"!
Ja, und ich schäme mich wirklich dafür, dass ich in der DDR eine wirklich schöne Kindheit hatte und dass ich damals sehr glücklich war! ... Viel glücklicher als heute!

Also bitte, Klischeehaft und stark überzogen kann ich auch!

Natürlich war die Berliner Mauer scheiße, aber das System, wie es jetzt ist, wollte ich auch nie!
Darum leide ich JETZT!

- - -

Diesen Text würde ich heute so nicht mehr schreiben. Er ist zu aggressiv und zu unbeherrscht.
Fakt ist aber, daß man, wenn man Dokus, TV-Serien oder Spielfilme zum Thema DDR sieht, das heute wirklich recht einseitig dargestellt wird. Und gegen diese einseitige Darstellung wehrt sich der Text. Auch würde ich als Sozialdemokrat heut nicht mehr so vehement die Linke in Schutz nehmen, wie ich es damals getan hab.
am 24.7.2020

***

Liebesgedicht
Rolf Gänsrich im März 2004

Du Holde mein'
Du schöne du
Ich lieb' dich immer wieder
So küsse mich nur all zu oft
Ich schreibe auf dich Lieder

Ach Holde mein'
Wie zart du bist
Du Süße, Kleine, Feine
Ich liebe dich im Mondenschein
Des Nachts, da bist du meine

Ei Holde mein'
Du liebe du
Kann gar nicht von dir lassen
Mein' Hände wollen immerzu
Dich kosen und anfassen

***

Macht weiter!
am 21.3.08 – *drei Tage vor dem Tod meiner Mutter*

Jeder Einstich einer Nadel, jede Spritze blutet bei mir
mindestens dreißig Minuten lang nach, jedes abrutschen mit
dem Messer beim Kartoffeln schälen blutet noch nach vier
bis fünf Stunden, denn ich hatte 2005 eine Lungenembolie,
ausgelöst durch mein rauchen! Ich nehme seitdem
gerinnungshemmende Medikamente, trage auch im
Hochsommer beinlange Thrombosestrümpfe!
Ihr aber raucht weiter!

Die Mutter meines alten Schulkumpels Roger quälte sich zehn lange Jahre mit einem Tumor im Kopf, den sie vom rauchen hatte.
Und Ihr raucht weiter!
Meine Mutter war starke Raucherin. Derzeit verreckt sie mit nur 65 Jahren an einem schweren Schlaganfall!
Aber Ihr raucht weiter!
Raucht ruhig weiter, wenn Ihr auch eines Tages auf einer überfüllten Intensivstation dreckig und langsam krepieren wollt, ... Schläuche in den Armen, Schläuche in Nase und Mund ... röchelnd ... . Raucht weiter!

***

Machts doch …
am 29.10.2013

Wählt doch weiter eure Merkel
lasst ans Gewehr den Lothar ran
killt im Wald die wilden Ferkel
und macht den Atomstrom an.

Lasst die Banker weiter zocken
mit Getreide und Spinat
euch mit Mini-Jobchen locken
scheißegal ist der Verrat.

Reißt die Windkrafträder nieder
sei'ed brav zur NSA
und verkauft euch dann auch wieder
an Saturn und Fabergé

Plündert Wälder, Berg und Tal
zapft den letzten Tropfen Öl
irgendwie ist's schon egal,
schert euch nicht um mein Gegröhl.

Macht die Arbeitslosen fertig,
und beschimpft die, ohne Dach
sind doch alle minderwertig
und die machen eh' nur Krach.

Fischt auch weiter fleißig Wale
holzt den Regenwald genüsslich ab
Wer braucht heut' noch Ideale
der von Geld genügend hat.

Haut die Umwelt in die Pfanne
hackt auf ärm'ren Menschen rum.
So lang noch Kaffee in der Kanne,
so lang seid ihr wohl noch Stumm!

***

Magnolienblüte
am 28./29./30.4./4.5.08

Tulpenbäume heißen sie im Volksmund, Magnolien wohl
richtig. Sie riechen gut und sehen einfach toll aus ... und sie
stehen in meiner Straße! Und genau dasselbe trifft auf meine
Freundin Tina zu. Sie ist keine Magnolie, aber sie sieht toll
aus, steht gelegentlich in meiner Straße und sie trägt Dinge
an sich, die ich, wie Tulpen, als solche identifizieren kann,
die ich kenne, also ein Röckchen, eine Bluse und
gelegentlich ein Topp, wobei mir dann oft nicht klar ist, ist
es ein Topp oder ist es ein T-Shirt! Nur eines habe ich
bislang noch nie bei meiner Tina erlebt: ihr aufblühen!

Zum Frühlingsanfang kam Tina auf die Wahnsinnsidee, mit
mir bei Gelegenheit „zum Tanzen" zu gehen. Natürlich
konnte ich dem nicht widerstehen, war jedoch auf den Spott
all meiner Bekannten gefasst und auch auf die Frage: „Wie

war's beim Tanzen, ... Bärchen?" Wobei ich nicht wusste, ob sich das „Bärchen" nur auf meine Erscheinung oder auch noch auf meinen Tanzstil bezog.

Das Jahr zog sich hin. Die Magnolien verblühten, die Pappeln, Gräser und mein Petersilien-Topf auch. Hin und wieder rettete ich einen Blumentopf aus dem Supermarkt. Blumentöpfe, die einen anflehten: „Bitte, bitte, nimm mich mit zu dir nach Haus! Ich bin ganz vertrocknet und koste nur eins-Fuffzich! Bitte, bitte nimm mich mit!"
Komisch, Frauen sagen so etwas zur mir nie!

Der Weihnachtsstern begann schon zu welken und der Christbaum nadelte auf den Teppich, als Tina das Thema „tanzen gehen" erneut anging.
„Lass uns doch zu Silvester in die Kulturbrauerei zum tanzen gehen. Da sind immer so viele, nette Menschen, wenn das Fernsehen darüber berichtet." Na gut, nun konnte ich mir an Silvester zwar wirklich einen schöneren Ort mit Tina vorstellen, als die Kulturbrauerei im Prenzlauer Berg, zum Beispiel die einsame Ski-Hütte von Paule oder die Hochzeits-Suite im Adlon, aber .... die Hochzeits-Suite war sicher nicht für 28 € pro Nase zu bekommen, also willigte ich ein und Tina bestellte für uns die Karten.

Der 31.Dezember war ein ausgesprochen ungemütlicher Tag. Eisiger Wind pfiff von den Ausläufern des Barnim die Schönhauser Allee hinunter. Es war eher ein Tag für Glühwein und Zimtsterne, aber Tina hatte die Karten für den Tanz und so trafen wir uns kurz vor 20 Uhr vor dem Eingang des Areals mitten im dicksten Böllerfeuer schwachmatiger, pubertierender Kids.

Nach der Passkon ... ähm ... nach der Eingangskontrolle stiefelten wir über den, zum tanzen vollkommen ungeeigneten, mit sogenannten „Katzenköppen" befestigten Innenhof auf die erste Diskothek zu. Disko-70-er Jahre prangte auf dem Schild am Eingang. Da wollte Tina schon immer einmal hinein, hatte sie im Vorfeld der Veranstaltung lautstark verkündet.

Der Vorteil an dieser Veranstaltung war, dass man zu nur einem Preis alle zehn oder zwölf Diskotheken des Geländes besuchen konnte. Von all den Nachteilen hatte ich zu diesem Zeitpunkt noch keine Ahnung!

Nun also hinein ins Gewimmel! Silvesterparty in der Kulturbrauerei um kurz nach 20 Uhr! Carl Douglas mit „Kung fu fighting", lange nicht, seit mindestens fünf Stunden, mehr gehört. Wir zwei die einzigen Gäste. WOW!

„Du, Tina!" gestand ich, „Ich traue mich hier nicht, zu tanzen! ... So allein!" Sie nickte verständnisvoll und zog mich schon wieder zur Tür hinaus. „Black Music" stand an der nächsten Tür. Drinnen dasselbe Bild. Wir die einzigen Gäste. Den Musikstil konnte ich nicht identifizieren. Es war irgendwas zwischen Wum-Krawum-Krawum und Kra-Wum-Wum-Wum. Auf Stevie Wonder und die Supremes wartete man hier wohl vergebens.

Um unsere Laune etwas zu heben flößten wir uns an einem Stand einige Becher Glühwein ein. Hinter uns im Festzelt trällerte Nicole „Ein bisschen Frieden".

Allmählich füllte sich das Gelände. Zuerst kamen die über 50-jährigen mit ihren Enkeln, dann die Pärchen unseres Alters mit ihren Kindern, schließlich die Kids selbst. Wir versuchten es nun erneut in der ersten Diskothek mit den 70-er Jahre Hits. Carl Douglas kung-fu-tete noch immer, aber alle Stühle waren nun besetzt. Ich fand mich ein wenig an meine Schulzeit mit der Klassendisko erinnert. Hier sitzen die Männchen, dort die Weibchen und keiner tanzt!

Da raus und wieder in die Black Music – Kra-Wum-Wum-Wum, am Festzelt vorbei, in dem gerade der Alte Holzmichel auflebte, zur nächste Disse. Funk! Kra-Wum-Wum-Wum! Doch nichts für uns, am Festzelt vorbei, Nahkampf mit Christian Anders „Einsamkeit hat viele Namen". Rein in den Frannz! Kaum mehr ein Durchkommen, stehender, beißender Zigarettenqualm, tanzen im Stehen, so dicht gedrängt, dass keine Nahkampfmusik mehr nötig ist und Phil Collins mit „You can't hurry love" nicht recht hat, weil in dem Gedrängel MUSS man hurtig liebe machen, weil sonst fällt's auf.

Also auch da wieder nur noch raus. Das dauert und ich bekomme Lust auf einen Becher Glühwein. Am Festzelt vorbei, in dem gerade Mariannchen ihr „Er gehört zu mir" flötet. Nach dem Glühwein checken wir noch rasch die Diskotheken für Soul „kra-Wum-kra-Wum", Black Illusion „Wum-Wum-Wum", Techno „bing-wum, bing-wum", Trance „Wim-Wum, Wim-Wum", Salza „Töö-Wum, Töö-wum", Rock aus den späten 60-er, frühen 70-ern – nööö, ich kann „Smoke in the Water" nicht mehr hören! - und das Kesselhaus „Wum-Wum, Wum-Wum".

Nun auch mal wieder am Festzelt vorbei. Dort lebt der Alte Holzmichel schon wieder. Während Tina sich in die lange Schlange an der Toilette einreiht, brauche ich noch einen Glühwein. Als Tina endlich vom Klo zurück kommt und ich den zweiten Glühwein hintereinander weg habe, betreten wir das Festzelt genau zu Heino's „Blau blüht der Enzian". Ich hasse Schlager, aber mittlerweile ist es bereits fünfzehn Minuten nach elf und Bärchen will nach acht Glühwein zum Vorglühen endlich mal tanzen.

Nur eine Viertelstunde später, der alte Holzmichel lebt schon wieder, merken wir, dass die Tanzfläche im Festzelt sich merklich leert. Alles schlendert nach draußen, wo auf einmal auf einer Open-Air-Bühne echte Salza von einer echten Salza-Band live gespielt wird. So schließen wir uns nicht der Polonaise nach Blankenese an, sondern schlendern mit den anderen mit. Draußen wird es nun kuschelig. Tina kommt, bei der Idee, in diesem Jahr noch einmal aufs Klo zu gehen, gar nicht von meinem Arm weg. Jugendliche gießen versehentlich etwas in meinen Pappbecher, den ich in der Hand halte, die um Tinas Taille gewickelt ist und in dem noch ein Rest Glühwein waberte, irgendeine Flüssigkeit, die nach Alkohol riecht, aber nach eklig-süßem Himbeerbonbon schmeckt. Der Platz füllt sich indes weiter. Immer mehr Menschen, einige wankend und arg betrunken. Ich bin Tina jetzt so nah, wie sonst nur beim Sex.

Endlich, endlich ist es Null Uhr! Flaschen machen die Runde. Es wird wie wild geknutscht, aber vom Feuerwerk sehen wir recht wenig, weil wir uns nicht mal mehr umdrehen können, so eng ist es. Die Salza-Band ist mittlerweile verschwunden und als das Feuerwerk vorbei ist, dröhnt aus dem Festzelt laut: Es hängt ein Pferdehalfter an der Wand!
Als wir schließlich wieder so viel Platz um uns herum haben, dass Tina von meinen Füßen herunter steigen kann, machen wir uns auf den Heimweg.
Endlich zu Haus, blüht Tina auf, wie ich sie noch nie erlebt habe.

Es ist Udo, der mich am Tag danach als erster Anruft und fragt, wie es beim Tanzen war. Als ich jedoch bei ihm im Hintergrund den alten, lebenden Holzmichel höre, lege ich abrupt auf und widme mich lieber meiner Tina, die wie eine Magnolie blüht, und ich stelle fest: Man muss nicht tanzen gehen, um miteinander Spaß zu haben!

***

Mai-Hai
vor dem 2.6.2009 aus O.K.beat 381

Es grinst so nett und brav im Mai
In seinem Meer der weiße Hai.
Der Bauer, den er fraß, war high,
drum fraß er auch noch Bauer zwei!
Damit er wird ein higher Hai!

***

Mr. Prömpers – die Rockradio-Weihnachtsgeschichte
am 31.8./8.9./4.11./8./9.12.2011 – Nachschliff: 17.12.2019

Mr. Prömpers selbst behauptete immer von sich selbst, er sei
eine Ausgeburt der Hölle, wozu ihn seine Lieferanten, seine
Kunden, die Kinder, die Händler, vor allem aber seine Frau
erst im Lauf seines Lebens gemacht hätten.

„Du hast schon wieder den Grünkohl anbrennen lassen! Wie
oft muss ich dir noch sagen, dass man ihn beim kochen auch
mal umrühren muss!", keifte sie ihn gerade in diesem
Moment an.

An Weihnachten war sie immer ein bildschönes, rassiges
Weib, mit ihren langen, blonden Locken, den grünblauen
Augen und ihren süßen Grübchen um die Nasenflügel.

Leider war Weihnachten nur einmal im Jahr.
An den anderen dreihundertvierundsechzig oder
-fünfundsechzig Tagen troff das Fett wie Motoren-Öl aus
ihren ungewaschenen Haaren, die sich spätestens im
Dezember in einem schmutzigen Grau zeigten, auf die lila-
rauchgelb verwaschene Kittelschürze.

In den Lücken zwischen ihren wenigen, noch vorhandenen Zähnen klebten die Reste von Erdbeerbowle, Grillfleisch und einstmals knackigen Salatblättern, von ihren Wangen schälte sich in dicken Streifen das Rouge vom letzten Weihnachtsfest und ihre Hände mit den Trauerrändern unter den Fingernägeln hatten eine Maniküre mehr als nötig.

„Und denn, denn hast du die Lippen von zwei von den Barbies nicht richtig an die Püppies angemalt!", maulte sie, während sie sich schon das mindestens zehnte Glas Rotwein an diesem Abend mit einem Schwups über den Schluckknorpel goss.
„Mister Prömpers! Ich rede mit dir! Träum nicht wieder, du schlaffer Sack!", giftete sie ihn an.
Kein Wunder, dass er mit der Zeit auch so wurde, wie sie!

„Mach mich an! Ich bin Rockradio.", wimmerte es aus einem „Nostalgie-Radio-Bausatz".
Das war seine neueste Kreation. Radios, die von selber sprechen konnten und die sich von allein Rockradio suchten.
Aber für solche Innovationen hatte sein „geliebtes Eheweib", das Christkind, immer nur Hohn übrig.
Die Kinder liebten Mr. Prömpers dafür um so mehr, schließlich war er der Weihnachtsmann!

„Vorhin hat doch diese komische Brausebude angerufen.", informierte sie ihn, „Du sollst mit deinen Alabasterkörper, trotz deiner Diabetes, mal noch zwei Kilo zulegen. Die machen doch dieses Jahr endlich mal 'ne Werbekampagne ohne diese bescheuerten Trucks, sondern eher sowas mit Wellen. Und dafür krichste von denen nun einen neuen Anzug mit pinke Ralleystreifen."

Wieder so ein Schock für ihn. Dabei dauerte es doch noch Tage bis Weihnachten. Ihm war es letztendlich egal, was er für eine Arbeitskluft trug, sie musste nur nicht ausgerechnet in den Farben einer Bude sein, die ungesunde, die Zähne schädigende Brause herstellte.

Ein T-Shirt von Rockradio wäre sein Traum, aber wer machte schon dem Weihnachtsmann vor Weihnachten Geschenke.

Ansonsten kannte er sich mit Werbung ja überhaupt nicht aus. Und so staunte er jedes Jahr aufs neue über den technischen Fortschritt, der ihn per Wunschzettel der Kinder immer nur über die Hintertür erreichte. Er erinnerte sich noch ganz genau daran, wie er vor vielen Jahren Säcke weise Legosteine schleppen musste. Heute dagegen verschenkte er DVD-Spiele-Software mit Lego-Bausätzen als Drei-D-Animation für den Computer oder die Wii.

Auch schockte die Rute die bösen Kinder nicht mehr. Letztes Jahr musste er sich von einem Dreikäsehoch in einer Wohnung am wohlsituierten Kollwitzplatz in Berlin-Prenzlauer Berg anhören, wie dieser ihn beschimpfte mit: „Na du blöder Fatzke! Wenn du mich schlägst, schleift dich mein Papa vor den europäischen Gerichtshof für Menschenrechte!"

Wenn er sich dann, in seiner Rolle als Weihnachtsmann, einmal pro Jahr unmittelbar nach diesem Fest über den Verfall der Sitten im allgemeinen und die immer grausamer werdenden Kinder im besonderen bei seinem Psychologen ausweinte, bekam er auch nur zu hören:

„Was ist das denn überhaupt für ein Trauma in ihrer eigenen Kindheit. … Ähm … ich muss da mal ein wenig bei ihnen bohren, …. mh … welchen möglichen Auslöser sehen sie bei sich selbst, der sie dazu veranlasst hat, Jahr für Jahr andere mit überwiegend sinnlosen Gegenständen zu beschenken? Ist das noch ihre Wut auf Mutter Maria, die ihnen zur Geburt Jesu nur ein Kinder-Fahrrad ohne Stützräder und Klingel schenkte? Oder haben sie als Kind einmal unvorsichtiger Weise in ihrem Verwandtenkreis verlautbaren lassen, dass sie das Märchen von <Hänsel und Gretel< lieben und sie haben daraufhin an einem Tag fünfundneunzig mal die Komplettausgabe von Grimms Hausmärchen bekommen? ... erzählen sie mal frei von der Gänseleber weg. Wir sind hier schließlich ganz unter uns!"

Aber die Alten waren ja auch nicht besser. Einmal hatte er, weil er glaubte, den Enkeln eines bekannten Kabarettisten keinen neuen Flachbildschirm schenken zu können, ihnen statt dessen ein Buch geschenkt und als Dank dafür von diesem Kabarettisten, Namens Dieter Hildebrand, zu hören bekommen:
„Bildung kommt von Bildschirm und nicht von Buch, sonst hieße es ja Buchung."
(Originalzitat Hildebrand!)

Aber all der Ärger und die Nörgelei der letzten Jahre waren vergessen, als sich die Adventszeit näherte.
Das Christkind ließ sich von einem Pagen in Adlon, dem legendären Hotel direkt am Brandenburger Tor in Berlin, der den Fahrstuhl bediente, ordenlich liften, schminkte sich wieder und sah plötzlich aus, wie die vierzehnjährige Unschuld.

Die USA verbesserten ihre Außenhandelsbilanz und schickten aus Alaska ein Rudel neuer Rentiere, was auch die deutschen Rentner um den Bundesfinanzminister Wolfgang Schäuble mit Wohlwollen registrierten.

Jedoch war die sehr Wendeerprobte Bundeskanzlerin sich mit sich selbst nicht darüber einig, ob sie nun der Einfuhr von Rentieren, der Begrenzung der Bezüge für Rentner, dem Washingtoner Artenschutzabkommen, sprechende Rentiere waren schließlich vom aussterben bedroht, oder dem ungarischen Ministerpräsidenten zustimmen sollte, der eine doppelte Beschenkung durch das Christkind für alle ungarischen Abgeordneten verlangte.

Aber vielleicht gab es ja bis zum Ende der Legislaturperiode in zwei Jahren eine Bundestagskommission, die bis dahin eventuell sogar schon die Empfehlung für eine mögliche Petition, angedacht hatte.

Über diese Petition könnte man ja dann in der folgenden Legislaturperiode unter Umständen mal in einem Ausschuss diskutieren.

In jedem Falle, die Anzeichen für Weihnachten häuften sich.

Die Moderatoren von Rockradio dichteten plötzlich nicht mehr:

„Weil du heut Geburtstag hast, komm doch bei mir vorbei, ich wünsche dir 'n guten Tach, vielleicht aber ooch zwei!"

sondern eher ein:

„Weihnachtsschmaus, oh du Graus!"

Die Weihnachsartikel in den Supermärkten häuften sich allmählich und so ganz behutsam und kaum merklich steigerte man für normale Lebensmittel die Preise.

Die jugendlichen Autozündler in Berlin, Hamburg und München schmückten ihre brennenden Wagen mit Weihrauchstäbchen und Kerzen. Auf dem Christkindlmarkt vor der Bundeszentrale der Agentur für Arbeit poppten die Funkenmariechen mit den drei Weisen aus dem Morgenland, denn das war schließlich die von ihrem zuständigen Jobcenter verlangte Erwerbsarbeit.

Weihnachten war gekommen. Flirrende Hitze lag über brennenden Christbäumen, integrierungsresistente Jugendliche vermöbelten ihre Eltern und Muddi's durften mal ganze Heerscharen von Familienkutschen bei Blitzeis mit ihren besoffenen Göttergatten zu ihren oder seinen Eltern fahren.
Genau das war die Zeit für den Aufbruch des Weihnachtsmannes.

So wie immer an diesem Tag, hielt er, in Absprache mit der FDP, die die Uhren, was die Bedingungen für Arbeitnehmer anging, am liebsten um Jahrhunderte zurück gedreht hätten, die Zeit einfach nur an und machte sich auf den Weg.
So konnte er quasi in einem Augenblick, für ihn selbst dauerte es aber Tage, für die anderen Menschen nur einen Lidschlag, alle auf einmal beschenken.

Dem Bedingungslosen Nachtmittag mit Juliane Beer hätte er ja am liebsten das Bedingungslose Grundeinkommen auf Lebenszeit sofort geschenkt, aber leider war, wenn der Weihnachtsmann den Bundestagsparteien glaubte, noch immer die Finanzierung des ganzen ungeklärt. Und so schenkte er Juliane Beer nur eine Festanstellung als Pressesprecher des Arbeitsministeriums der CSU in Bayern, weil dort ja eh die Welt anders tickte.

Anita, der guten Seele von Rockradio, schenkte er die Stelle von Michelle Hunziker bei „Wetten dass ...", da Thomas Gottschalk nur mit ihr ab Januar 2020 weitere zweihundert Folgen lang beim ZDF auf der Showbühne stehen wollte. Darauf hin meldeten alle kommerziellen Hörfunk- und Fernsehsender Deutschlands komplett Insolvenz an.

Rockradio wurde vom Weihnachtsmann mit fünfundzwanzig fest anstellten Mitarbeitern beglückt, deren

Gehalt bereits für die nächsten zehn Jahre im Voraus durch die großen Plattenfirmen gesichert war. Nur einen freien, bezahlbaren Gewerberaum für Rockradio konnte der Weihnachtsmann in Berlin in diesem Leben nicht mehr bieten.

Viele der Internetradiohörer bekamen überschüssiges PromoMaterial von den Bands, die so gern auf Rockradio gespielt werden wollten und die man woanders nicht hören wollte.

Als er nach dieser Tour die Uhren wieder richtig ticken ließ und der Weihnachtsmann seine Arbeit erledigt hatte, zog er sich zu seinem üblichen Jahresurlaub auf die Weihnachtsinseln in der pazifischen Südsee zurück und ließ sich den Weihnachtsbraten, den ihm ein einheimischer Kannibalenstamm immer kostenfrei lieferte, angeblich „Falscher Hase", munden.

Oh, ja, dachte er bei sich, er würde auch im nächsten Jahr wieder seine Wortgefechte mit dem Christkind führen, den Menschen überwiegend unnütze Geschenke machen und den Politikern wieder Flöhe von „Steuersenkungen" ins Ohr setzen. Er war schließlich tief im inneren Herr Prömpers und nicht der Weihnachtsmann.

Eine letzte Station hob er sich aber immer für eine Sommerbescherung auf. Die Insel Pitcairn im Pazifik, auf der die Nachfahren der Meuterer der Bounty lebten. Diese Leute, egal ob alt oder jung, freuten sich noch über Kleinigkeiten, wie zum Beispiel Karl-May-Bücher, den „Playboy" aus dem letzten Jahr, Spritzkuchen, einen kleinen Verkehrsstau auf der einzigen und unbefestigten Straße der Insel oder eine Schallplatte mit dem Weihnachtshit „Last Christmas" von „Wham"!

So herrschte all über all, ob am Horn von Afrika, ob in Afghanistan oder in den Slums von Rio de Janeiro, oder in den Straßen von San Francisco wieder Frieden und Zuversicht.

Und auch der Machthaber von Nordkorea, Kim Jong-Un, freute sich letztendlich über ein paar echte Nylonstrümpfe vom Klassenfeind aus Amerika, echte Machorka vom einstigen sozialistischen Bruderstaat Russland und original Ost-Berliner Currywurst, von der schon sein Großvater Kim Il-Sung von seinen Staatsbesuchen bei Walter Ulbricht in der DDR geschwärmt hatte!

***

Vorsicht!
Dieser Text ist starker Tobak! Ich würde ihn als FSK 18 einstufen. Er ist nichts für Kinder und auch junge Eltern sollten ihn nicht lesen!
Ich wollte mal einen Text in der Art von Roald Dahl machen, bin aber wesentlich brutaler als er. Also der ist wirklich nichts für schwache Nerven!

Mrs. Peabody's Vermächtnis – oder – Die Bestie
am 6./7./30.6. + 7./9./19.7 + 28./29.8.05 – Überarbeitet am 22.12.2019

Scotland Yard stand vor einem Rätsel. Vor einem? Nein, vor zweien! Wo war Stefanie Harrison abgeblieben und wer hatte Mrs. Peabody ermordet. Eine Tatwaffe fand sich genauso wenig, wie ein Motiv, wenn man von den Nachbarn absah, die alle ganz froh waren, dass Mrs. Peabody's Pittbull nie mehr aufkreuzen würde.

Nachbarn hatten auch die Kopflose Leiche von Mrs. Peabody am Morgen gefunden.

Nachdem ein Beamter von Scotland Yard den, noch immer schweifwedelnden Pittbull in das Londoner Tierheim in Carrington eingeliefert hatte, unterrichtete man Mrs. Peabody's Tochter Lila McCartney und deren Mann Bob. Soweit bereits zum Ende der Geschichte.

Die Vorgeschichte des ganzen begann so.

Es war an einem dieser rauchig, verschneiten Wintertage mitten im Dezember, als es unverhofft an der Pforte von Mrs. Peabody's Anwesen in der Abbey Road geläutet hatte. Ob sie deshalb die Glocke an der Tür ihres Gartens nicht hörte, weil sie gerade ihre Kellertreppe reinigte oder weil der zehn Zentimeter tiefe Neuschnee alle Geräusche schluckte, blieb später unklar. Dies ließ sich im Nachhinein auch nicht mehr feststellen, so sehr sich auch Oberinspektor Marlboro von der vierten Mordkommission bei Scotland Yard bemühte.

Susilein hingegen hatte gehört!

Die Kinderhand hatte den Klingelknopf kaum verlassen, da stand bereits Susilein im Garten und wedelte mit ihrem kurzen, aber kräftigen Schwanz. Von der Tür an der Straße kam Gewimmer: „Ich will zu meiner Oma-ha-ha!"

Vorsichtig, Schweif wedelnd und damit so freundlich aussehend, wie ein Pittbull nur freundlich aussehen kann, näherte sich der Hund der Gartentür mit ihren, nach oben hin spitz zulaufenden Stahlstreben. Stefanies „Oma-ha-ha" verhallte und sie ließ auch ihre niedliche, kleine Patschhand wieder sinken, mit der sie soeben erneut die Türglocke im gusseisernen Pfeiler drücken wollte.

Stefanie staunte! Einen Hund hatte sie bei ihrer Oma noch nie gesehen! Sie hatte immer nur sein lang anhaltendes, gruseliges Gejaule gehört, wenn sie hier waren.

Aus irgendeinem, ihr selbst nicht mehr klaren Grund, war sie heute Mittag, beim Einkaufsbummel in der Savile Row, ihren Eltern entwischt und hatte sich auf den Weg zu ihrer Oma gemacht. Einen halben Tag lang war sie durch das verschneite London geirrt. Jetzt hatte sie nur noch Durst, Hunger und wollte zu ihrer Oma oder, noch besser, gleich nach hause. Der Pittbull näherte sich dem lang ausgestreckten Kinderarm, der sich ihm durch die Gittertür entgegen reckte. Nur ein kurzes Schnüffeln an der Hand genügte und Susilein war sich hundertprozentig sicher, dass dies das Mist-Gör war, wegen dem Susilein immer eingesperrt wurde.

Der Pittbull wedelte, sprang auf dem Gartenweg wie ein Derwisch herum und Stefanie draußen auf der Straße, juchzte vor Freude. „Komm her Wau-Wau! ... Komm spielen!"
Die Zaunlücke über den Wurzeln der alten Buche am Rande des Grundstückes ausnutzend, entkam Susilein dem Wirkungsbereich von Mrs. Peabody. Schwanz wedelnd rannte der Hund auf das Kind zu, setzte sich brav, ließ sich sogar streicheln, wobei ihm, unbemerkt, schon einige Tropfen Speichel aus den Lefzen herab rannen. Sich mit sich selbst balgend, springend, wedelnd und sich immer mal wieder von den Kinderhänden greifen lassend, lockte der Pittbull das Kind immer weiter fort, hinein in den kleinen Stadtpark am Ende der Straße.

Eine halbe Stunde später stand der Pittbull, mit nicht mehr blutverschmierter Schnauze in der Küche von Mrs. Peabody und hielt ihr einen Kinderarm entgegen.
„Daths daaftst du nicht, Tsutsilein!", kicherte Mrs. Peabody wie immer. „Du weitst doch, dath ich heute schon dath Frikathsee für Weihnachten mache.", sprach es und warf den Kinderarm zu den vielen anderen Kinderkörperteilen, die in einer Schüssel mit warmem Wasser auftauten.
Wie immer, wenn Mrs. Peabody ihr Weihnachtsfrikassee

Bein ging, schien mit ein Grund dafür zu sein, dass Lila und Bob ihre Stefanie nie zu überreden brauchten, nicht allzu lang bei ihrer Oma zu verweilen. Das lag sicher auch daran, dass Mrs. Peabody früher, als ihr Mann James noch mit im Haushalt gelebt hatte, ordentlich kochte. Damals gab es zu Weihnacht und an anderen Feiertagen immer leckere Pute mit dem typisch englischen Plum-Pudding, aber seit James fort und Susilein eingezogen war, gab es zu Weihnacht ausschließlich Frikassee! Frikassee in rauen Mengen. Mrs. Peabodys Tochter Lila wunderte sich insgeheim immer über die Mengen an Frikassee, die ihre Mutter dann auffuhr, jedoch kam Lila nie dahinter, von welchem Tier das immer äußerst zarte und weiße Fleisch stammte. Sie tippte auf Kaninchen, denn Huhn war es unter Garantie nicht. Da man aber nie auch nur ein Knöchlein im Frikassee fand, stand diese Frage niemals wirklich im Raum. Und Mrs. Peabody äußerte sich weder, noch machte sie irgendwelche Andeutungen, woher sie das Fleisch für ihr Frikassee habe.

Und das war das übliche Ritual ... über Monate, nein, Jahre hinweg immer das gleiche.
Wenn es dämmerte und die ersten Sterne blass im immer weiter zunehmenden Abendrot schimmerten, öffnete Mrs Peabody die Hundeklappe in der Tür ihrer Wohnung.
Und ein viertel- oder halbes Stündchen später, wenn dann der Pittbull seine noch blutige Beute vor ihr auf dem Läufer im Flur ablegte, freuten sich beide.

Mit der, ihr eigenen, sehr feuchten Aussprache, die aus jedem S- und Zischlaut ein „Tee-äitsch" werden ließ, baute sich Mrs. Peabody vor ihrem Hund auf, hob den Zeigefinger der rechten Hand und zeterte: „Thsuthsilein daths darfths du nichth!", dann entsorgte sie, sorgfältig getrennt, erst den kleinen Kinderschuh, samt Strampler-Rest in der Mülltonne, der Fetzen Papier-Windel landete in einem Korb und wurde später kompostiert und nur das Kinderbein, der Kinderarm oder der ganze Kinderlaib gingen einen vollkommen gesonderten Weg.

Wie ordentlich, fleißig, ja, geradezu dienstbeflissen Mrs. Peabody war, in allen Dingen, die ihren Pittbull betrafen, dürfte dem geneigten Zuhörer oder Leser nicht entgangen sein.

Es war fast schon Mitternacht, als Mrs. Peabody in diesem Dezember ihr, nun fertiges Frikassee bis zum Weihnachtsfest in acht Tagen wieder einfror.
Den Hund stach heute der Hafer. Susilein wollte noch ein paar Streicheleinheiten mehr als sonst und so tauchte der Hund plötzlich im Schlafzimmer auf, in dem Mrs. Peabody, schon nur noch mit ihrem Nachthemd bekleidet, kurz davor war, sich ihren wohlverdienten Schlaf zu genehmigen. Schwanz wedelnd hatte der Pittbull die blutverschmierte Kinderjacke im Maul und hielt sie seiner Herrin entgegen.

„Susilein, das darfst du nun wirklich nicht!", schimpfte Mrs. Peabody, so wütend, dass sie nicht mehr lispelte, auf ihren Hund ein. „Ich will dieses Zeug nicht im Haus!"
Sie machte zwei Schritte hinter dem Hund her, der, sich freuend, vor ihr flüchtete und ihr die Kinderjacke wieder entgegenhielt.
Zum ersten mal in ihrem Leben war Mrs. Peabody auf ihre heißgeliebte Susi so richtig böse. Und sie wurde nur noch wütender, je mehr der Hund sie neckte!

Und noch einen Schritt und noch ein Gehopse des Hundes und Mrs. Peabody stand im Nachthemd im Garten. Dass die Tür des Hauses hinter ihr ins Schloss fiel, merkte sie nicht. ... Und noch ein Schritt und noch einer ... An den verschneiten Wurzeln der alten Buche glitt sie aus.

Verzweifelt griff sie nach einem der leicht herunter hängenden Äste, erreichte jedoch nur, dass der ganze Baum erschüttert wurde und von seiner Baumkrone herab sich ein dreißig Zentimeter langer Eiszapfen löste, der ihren Schädel spaltete.

Susilein freute sich!
Schnell brachte der Hund die Kinderjacke zu dem Rest des kleinen Kadavers in einer hohlen, alten Weide, dann machte sie sich über das frische Blut ihres Frauchens her. Nichts, aber auch gar kein blutiges Stück ließ der Hund zurück. In diesem Haushalt herrschte Ordnung!

Bereits einige Tage später war Mrs. Peabody beerdigt. Der ihnen unheimliche Pittbull ließen Bob und Lila im Tierheim. Trotz ihrer Trauer, und weil noch immer niemand wusste, wo Stefanie war, trafen Lila und Bob am ersten Weihnachtsfeiertag wie gewohnt in Mrs. Peabodys Wohnung ein. Vielleicht tauchte Stefanie, wie ein Engel, ja doch noch putzmunter auf.
Das von ihrer Mutter vorbereitete Frikassee verzehrten Lila und Bob andächtig. „Mutter hätte es so gewollt.", meinte Lila und Bob sagte ihr, dass er sich ihrer Tochter nie so nahe gefühlt habe, wie an diesem Abend.

Am selben Tag, nur ein paar Blocks weiter, freute sich die kinderlose, verhärmte Mrs. Crumbiegel über ihre Neuerwerbung! Der Pittbull, der im Tierheim jedes Kind angegiftet hatte, war bei ihr ganz lieb! ... ...

***

Muchachos
am 23.1.05

„Detlef!" „Ja, Mäuschen?"
Mein Freund Detlef ist in seiner Familie nicht wirklich der
Herr im Hause! Ich glaube, Sie verstehen, was ich meine.
Wohl gerade deshalb ist Detlef ein Freund, ja, ein wahrer
Fan billiger, sehr billiger Western-Romane. Aus diesen
scheint er all sein Wissen über die Welt und vor allem über
Frauen gelernt zu haben. Wie und wo er dennoch seine
äußerst reizende und liebenswerte Gattin Monika
kennengelernt hatte, war nicht nur mir ein Rätsel.

„Detlef!" „Ja Mäuschen?" „Wenn Rolf kommt, gib ihm
doch bitte ordentlich die Hand und nicht so einen
Waschlappen, wie wenn du meinen Vater begrüßt!" „Ja
Mäuschen!"
So hörte ich es, als ich neulich wieder einmal vor ihrer
verschlossenen Wohnungstür stand, kurz bevor ich den
Klingelknopf drückte.

Ich läutete und kurz darauf stand Monika in der Tür und ließ
mich ein. Erst einmal knuddelte ich die kleine, süße, bevor
ich Detlef, nach Männerart, meine Hand reichte, die aber,
wegen der feuchten Kühle und Labbrigkeit seines
„Druckes" schnell wieder weg glitschte.
Monika musste das bemerkt haben, denn ein leichtes
zwinkern in ihren Augen, verriet mir, wie gut sie ihren
Mann, aber auch mich, den Freund der Familie, kannte.
„Willste'n Bier?", fragte Monika mich, hatte aber schon ein
Alkoholfreies mit Glas in der Hand, denn sie wusste, dass
ich fast nur Alkoholfreies trank, schließlich konnte ich mir
als Taxifahrer auch nicht einen Punkt in Flensburg mehr
erlauben.
Ein eher spöttisches Lächeln um die Lippen sagte sie zu

mir: „Detlef hat sich wieder mit neuen Romanen eingedeckt. Die kann er dir zeigen, während ich uns schnell ein paar Schnittchen mache." Ich wusste, dass „Schnittchen machen" bei ihr bedeutete, dass sie in ihrer Gutmütigkeit immer ein halbes Rind als Steak für uns drei briet.

„Detlef!" „Ja Mäuschen?" „Zeig doch Rolf mal deine neuen Bücher!" „Ja Mäuschen!", sagte Detlef, von der Statur her ein Bär von einem Kerl, kleinlaut.
Vorsichtig schob Detlef mich ins Wohnzimmer. Ein ganzer Karton billiger Western-Heftchen, alle nach dem Null-acht-fünfzehn-Prinzip gestrickt, stand in einer Ecke neben der Schrankwand. Einer dieser Romane musste Detlef es besonders angetan haben, denn er lag versteckt unter einem Stapel CD's, von wo ihn Detlef heimlich hervor zauberte.
„Hier!", sagte er, und hielt mir ihn wie ein Heiligtum entgegen. „Das Beste, was ich je gelesen habe."
„Muchachos" stand als Titel auf ihm und das Bild zeigte zwei mexikanische Cowboys mit ihren Sombreros, die mit einer fetten Kuh rangen.
„Steht alles drin, was man über Frauen wissen muss." Ich schaute skeptisch.
„Muchachos, Gringos olé!", sagte Detlef. Dann flüsterte er: „Man muss sich für Frauen interessant machen, steht hier, und man darf nie alles von sich preisgeben."
„Ach, ja.", sagte ich, „Deshalb versteckst du wohl deine Haare und trägst seit Jahren Glatze?"
„Nicht doch so.", flüsterte Detlef. „Hier, hier stehts, erst versteckte er ihren Ring, dann hing ihm die stolze Señorita am Hals."

„Detlef!" „Ja Mäuschen?" „Willst du jetzt auch ein Bier?", tönte es aus der Küche. „Ja Mäuschen!"
Als Monika mit dem Bier ins Zimmer trat zwinkerte sie mir zu, sie hatte wohl auch bemerkt, dass ihr Mann etwas hinter

seinem Rücken vor ihr verbarg. Unterdessen strömten denn auch Wohlgerüche aus der Küche nach Steak, Leber und Zwiebeln zu uns.   Sie hatte kaum den Raum wieder verlassen, als Detlef von neuem begann zu erzählen. Nebenbei wedelte er mir immer wieder mit „Muchachos" vor dem Gesicht herum.

„Und hier, hier steht, Frauen waren nicht auf dem Schiff, als die Caballeros die Stiere vom Schiff entluden. ... Frauen sind nie auf Schiffen. Das bringt Unglück!"

„Ja ... äh ...", warf ich ein „... und wie ist das mit Kreuzfahrtschiffen und Passagier-Dampfern? Da sind jede Menge Frauen mit drauf?"

„Das,", erklärte mir Detlef, „ist etwas gaaanz anderes."

Dann tat er etwas für mich unerwartetes. Er nahm seine Bierflasche und goss einen Schluck in den Blumentopf der Zimmerbegonie. „Was war denn das jetzt?", fragte ich ihn. Verschwörerisch beugte Detlef sich zu mir hinüber: „Wenn Frauen ein Bier berühren, ist es unrein. Man muss dann IMMER den ersten Schluck weggießen." Ich sah mir die Begonie genauer an. Deren untere Blätter welkten.

„Seit wann machst'n den Unfug?" fragte ich erstaunt. „Im Mittelalter haben fast ausschließlich die Frauen das Bier gebraut."

„Siehste", sagte Detlef, „deshalb gab es ja damals auch die ganzen Kriege, die Pest und Seuchen und die Masern."

„Detlef, du spinnst.", sagte ich.

„Und hier", Detlef wedelte wieder mit den Muchachos vor meiner Nase herum, „hier steht auch, dass die Gouchos immer alle Mahlzeiten selber kochten und es schmeckte denen genauso, wie bei Muttern. Männer sind doch einfach die besseren Köche."

„Ja, kochten wie Muttern. Ist eine Mutter denn keine Frau?", hakte ich nach.

„Das", erklärte mir Detlef, „ist auch was ganz anderes."

Ich guckte wohl ziemlich blöde, denn Detlef schob nach mit: „Mütter, Mütter sind eben keine Frauen mehr ... das, das sind eben ... na ... Muttertiere."

Nun wusste ich es also ganz genau. „Kannst du denn kochen, Detlef?" „Alle guten Köche sind Männer, der Typ im Döner-Imbiss genauso wie der Wurschtmaxe. ... und dann ....", schnell wechselte Detlef das Thema, „dann muss man auch die mittleren Seiten in allen Büchern rausschneiden, damit die Frauen nicht den ganzen gefühlsduseligen Kram mit Liebe und Leidenschaft in den Romanen lesen. Sie kommen sonst auf dumme Gedanken."

Mit einem Auge erwischte ich auf dem Titelblatt von „Muchachos" die Zeile mit: „Geschrieben von Eva Schmidt".

In diesem Moment kam Monika herein. In einer Hand jonglierte sie die Teller mit den Steaks und dem Besteck, in der anderen trug sie die Fleisch-Schüssel.

Nachdem sie alles auf dem Esstisch abgestellt hatte, nahm sie Detlef die „Muchachos" aus der Hand und legte sie wieder unter den Stapel mit den CD's.

„So, Jungs", sagte sie zu uns, „können wir nun endlich essen?"

„Ja Mäuschen!", sagten wir beide.

***

Anmoderation im OKbeat im Juli 2007 zum nachfolgenden Gedicht:

Da, laut Reuters vom Mittwoch, die Bundes-CDU auf einem Populartäts-Hoch ist, wie noch nie, und wir uns ja alle denken können, was mit dem Sozialstaat passiert, wenn CDU und FDP allein regieren, müssen wir die CDU im nächsten Jahr einfach verhindern!

Liebe Hörer, gebt mir Hilfe, damit wir zur Bundestagswahl

im nächsten Jahr CDU verhindern können! Ich schieße mich also ab heute so ganz langsam auf die CDU ein!

My Angy im Sommerloch
am 23.7.08

Die Merkel, Angy, ist ganz fit,
gibt Beck ganz gern von vorn'nen Tritt
und denkt, in ihrem christlich glauben:
„Ich werd' euch den Sozialstaat rauben."

Sie schickt den Beckstein in die Spur,
zur Sozialstaat-Abspeck Kur!
In Bayern alle Täler blühn
weil nicht regiert, rot oder grün!

Atomstrom gedeiht dort immer prächtig,
weil Energiekonzerne mächtig.
Auch schießt man gern, so hier und dort,
einem Bär'n das Leben fort.

Sozialstaat, so fragt man sich hier,
was ist denn das so für ein Tier?
Gibt's das noch in Berlin-Tiergarten,
Vielleicht auch in Kleingarten-Sparten?

Wo gibt's denn sowas, sagt bescheid!
Wir Bayern leiden nicht an Neid!
Berliner gerne Bayern meiden,
weil Bayern keine Nordlicht' leiden.

So heißt es hier: lasst uns in ruh'
Melkt weiter eure lila Kuh,
und lasst uns den Sozialstaat da,
sonst gibt es hier von uns Trara!

Ende

am 23.7.2020

Das war es schon mit dem ersten Band.

Im Folgeband geht es weiter mit den Buchstaben N – Z, und falls das keine 99 oder 100 Texte mehr sind, schreib ich angefangene Texte, die hier noch nicht aufgetaucht sind, einfach ... und endlich mal ... fertig, denn vieles dampft seit Jahrzehnten leise vor sich hin.

Übrigens sind für diesen Teil hier drei Texte unwiederbringlich in meinem Giftschrank gelandet, weil sie mir für die heutige Zeit zu diskriminierend sind.

Na dann, bis zum zweiten Band!

Daten

Texte in Buchform gegossen, leicht nach geschliffen, Rechtschreibprüfung 17.7. - 27.7.2020

EVP: 8,99 €

Strichcode

9 783750 499249